QUE SAIS-JE ?



# *et religion*

JULIEN BAUER

Professeur à l'Université du Québec à Montréal

DU MÊME AUTEUR

1 – *Livres*

*Les partis religieux en Israël*, PUF, « Que sais-je ? », n° 2610, 1991, 2e éd., 1998.
*Les Juifs hassidiques*, PUF, « Que sais-je ? », n° 2830, 1994 (trad. en italien, 1997).
*Les minorités au Québec*, Boréal, 1994.
*La nourriture cacher*, PUF, « Que sais-je ? », n° 3098, 1996.
*Le système politique canadien*, PUF, « Que sais-je ? », n° 3354, 1998.

2 – *Codirection*

Avec K. Cabatoff (éd.), *Bilan de la Loi 50 : dynamique du changement dans la fonction publique québécoise*, Université du Québec à Montréal, Institut d'administration publique du Canada, 1981.
Avec L. Kaplan et I. Robinson (éd.), *The Thought of Moses Maimonides, Philosophical and Legal Studies, La pensée de Maïmonide, Études philosophiques et halakhiques*, Edwin Mellen Press, 1990.

3 – *Chapitres dans les livres suivants :*

*Les mouvements religieux aujourd'hui, théories et pratiques*, Bellarmin, 1984.
*The Impact of Gush Emunim : Politics and Settlements in the West Bank*, Croom Helm, 1985.
*Orwell a-t-il vu juste ? Une analyse sociopsychologique de « 1984 »*, Presses de l'Université du Québec, 1986.
*Un marché, deux sociétés ? Libre-échange et autonomie politique*, ACFAS-Société québécoise de science politique, 1987.
*L'administration publique québécoise : évolutions sectorielles, 1960-1985*, Presses de l'Université du Québec, 1989.
*Canadian Jewry Today*, JESL Educational Products, 1989.
*La démocratie dans tous ses états : Argentine, Canada, France*, Presses de l'Université Laval, 1993.
*Le goût du Québec, l'après-référendum 1995*, Hurtubise HMH, 1996.
*L'État administrateur, modes et émergences*, Presses de l'Université du Québec, 1997.
*Faut-il attendre le Messie ? Études sur le messianisme*, Médiaspaul, 1998.

ISBN 2 13 049902 3

Dépôt légal — 1re édition : 1999, mai


108, boulevard Saint-Germain, 75006 Paris

# INTRODUCTION

L'homme est un animal sociable, il vit en société. La société s'organise selon des modèles qui varient considérablement, depuis la tribu préhistorique jusqu'à l'État-nation moderne, depuis la Cité grecque jusqu'au Royaume inca mais, quel que soit le modèle, un noyau dur de caractéristiques semble universel. Ce noyau comprend trois éléments. Toute société, même la plus démocratique, a un système hiérarchique qui assigne à chacun sa place. Toute société globale, pour son propre maintien, prévoit un pouvoir décisionnel, peu importe le ou les titulaires de ce pouvoir et peu importe la forme du processus décisionnel, pour prendre des décisions collectives. Toute société, afin que les décisions collectives soient appliquées, se donne un devoir d'obéissance, peu importe qu'il soit consentant ou forcé, qui contraint les membres de la société. L'expression « politique », de *politikos*, la Cité grecque, reflète cette réalité. A moins d'être seul sur une île déserte, l'homme vit avec d'autres êtres humains, il vit donc en société, en politique.

L'homme est une créature religieuse. Le monde dans lequel il vit a non seulement une dimension concrète mais également une dimension surnaturelle qui le dépasse, qui l'inquiète, contre laquelle il cherche à se protéger. Le pouvoir immatériel, qu'Otto a appelé le « numineux »[1], est à la fois fascinant et angoissant. Ce pouvoir, au-delà des forces humaines, au-delà de

1. Pour la notion du numineux, voir Rudolf Otto, *Le sacré*, Paris, 1961, p. 21 et s.

la réalité observable, est la source de toutes les croyances religieuses. La tendance dans les sociétés occidentales est de limiter la religion aux grandes religions monothéistes révélées – judaïsme, christianisme, islam – et d'ignorer les autres religions qui peuvent êtres polythéistes – hindouisme, shinto –, non théistes – bouddhisme, confucianisme –, etc. L'expression « religion », du latin *religio*, vénération, et *religare*, relier, reflète cette idée d'une sphère sacrée distincte de la sphère profane. Politique et religion sont deux expressions qui doivent être qualifiées avant de pouvoir analyser leurs relations.

## I. — Le politique, la politique, la science politique

Lorsque l'on parle de politique, s'agit-il du politique ou de la politique ? Le politique est un concept qui vise l'essence du phénomène de la vie en société. Inspiré de la philosophie de Platon, il considère qu'il existe dans la société organisée un intérêt général qui transcende tous les intérêts particuliers. Le politique s'intéresse à la nature de la Cité. Mais les philosophes doivent tenir compte de la réalité. La Cité grecque ne concernait qu'une partie de la population. Pendant que les citoyens discutaient noblement sur la place publique des décisions à prendre, leurs femmes s'occupaient des tâches ménagères, les esclaves de la production et les métèques du commerce et des affaires. Aristote nous rappelle qu'il faut tenir compte de la réalité de la vie en société, du possible et non seulement de l'idéal.

La politique, elle, plutôt que de s'intéresser au pourquoi de la vie en société, s'intéresse au comment. Étant donné que la Cité prend des décisions, comment se déroule le processus décisionnel, quelles en sont les méthodes ? On va alors parler d'élections, de partis politiques, de politiques visant certaines dimensions de la vie en société, les unes traditionnelles comme les politiques économique, sociale, familiale..., les autres récentes comme les politiques environnementale, de l'énergie... Ce n'est plus la notion d'intérêt général qui retient l'attention mais une multitude d'intérêts particuliers et d'alliances entre ces intérêts. Le niveau philosophique fait place au niveau socio-économique, la Cité comme modèle à la Cité comme réalité d'un conflit pour le pouvoir.

Les auteurs qui se sont penchés sur le phénomène politique, tant le politique que la politique, ont accordé une place de plus en plus grande à l'État. Jusqu'à l'époque moderne, ils lui ont conféré un rôle éminemment moral. Même Machiavel, connu pour son acceptation de l'utilisation par l'État de moyens immoraux, n'accepte ces moyens que pour permettre à la société de mener une vie morale. Hobbes se fait le chantre d'un État tout-puissant, car il protège les membres de la société contre leurs propres excès.

De philosophie politique, avec sa dimension morale, on est passé il y a un siècle à la science politique, avec sa dimension analytique. Elle même ne fait pas l'unanimité. Une école de pensée voit dans la science politique la branche des sciences humaines qui étudie l'État, successeur de la *politikos* grecque. Dans plusieurs langues non européennes « science politique » devient « science de l'État ». Cet État, selon Max Weber, « comme tous les groupements politiques qui l'ont précédé historiquement, consiste en un rapport de domination de l'homme sur l'homme fondé sur le moyen de la violence légitime. L'État ne peut donc exister qu'à condition que les hommes dominés se soumettent à l'autorité revendiquée par les dominateurs »[1]. La science politique analysera les

1. Max Weber, *Le savant et le politique,* Paris, 1959, p. 101.

notions de légitimité, d'autorité, de pouvoir en autant qu'elles sont liées à l'État. Une autre école élargit le domaine de la science politique à l'étude du pouvoir, que ce soit dans un cadre étatique ou non. Dans la mesure où des décisions affectant la société peuvent être prises à des niveaux supra ou transétatiques ainsi qu'à des niveaux infra-étatiques, la deuxième approche nous paraît préférable. Nous estimons que la science politique analyse le pouvoir dans la société, l'État y jouant certes un rôle primordial mais n'occupant pas tout le terrain. Pouvoir *dans la société* car les formes de pouvoir, par exemple dans la famille, qui n'ont pas de retombée sociétale, nous semblent relever d'autres disciplines scientifiques.

## II. — Foi, religion, Église

Le sacré n'est pas, à l'origine, extérieur à la société, au politique mais bel et bien une de ses manifestations. Selon Durkheim « le sacré est le corps social hypostasié, la force et l'autorité collective représentée par des symboles qui en manifestent la transcendance par rapport aux individus »[1]. Le sacré se présente sous plusieurs formes, la foi, la religion, l'Église.

La foi est l'élément fondamental du système religieux. La définition qu'en donne *Le Robert* est « le fait de croire en Dieu, en un dogme par une adhésion profonde de l'esprit et du cœur qui emporte la certitude »[2]. La foi est ancrée dans le cœur de l'homme et difficile à cerner par l'observateur. Par contre lorsqu'elle se concrétise sous la forme de religion, elle devient plus aisée à étudier. Encore faut-il prendre garde à ne pas confondre foi et religion car, nous rappelle Eister, « les fonctions de la religion ne sont pas

1. Émile Durkheim, *Les formes élémentaires de la vie religieuse*, PUF, 1950.
2. *Le Petit Robert,* 1973, p. 720.

les mêmes que celles de la foi, le vocabulaire ou les conséquences sur le comportement ne sont pas identiques. La religion, comme expression culturelle et institutionnelle de la foi est en rapport avec la foi comme un bâtiment avec l'architecte »[1]. Alors que la foi est la relation entre l'homme et Dieu, la religion a une double dimension, verticale avec la transcendance et horizontale avec la communauté des croyants. Pour se protéger contre tout ce qui le dépasse dans le monde, l'homme suit des rites. Il peut ainsi entrer en contact avec la transcendance. L'observance individuelle de ces rites n'empêche pas que leur existence relève de la société. Le rituel « crée et perpétue régulièrement des sentiments collectifs »[2], il nous dit comment nous comporter avec le surnaturel, à la fois comme individu et de concert avec les autres membres du groupe. Lorsque le rituel codifie et les relations entre l'homme et le surnaturel et les relations entre les hommes qui partagent les mêmes croyances, il donne naissance à une Église. « L'Église est une société dont les membres sont unis parce qu'ils se représentent de la même manière le monde sacré et ses rapports avec le monde profane et parce qu'ils traduisent cette représentation commune dans des pratiques identiques. »[3] La foi est ainsi la base de l'édifice, la religion son expression dans le monde, l'Église son institutionnalisation dans la cité.

Politique et religion sont deux termes qui nous paraissent aller de soi mais qui sont étroitement liés à la culture occidentale. Politique, avec sa racine grecque, avec l'influence de Platon, de son *Politique* et de sa *République*, est marqué du sceau de la civili-

1. Allan W. Eister, *Changing Perspectives in the Scientific Study of Religion*, John Wiley & Sons, 1974, p. XVI et XVIII.

2. A. R. Radcliffe-Brown, cité dans l'article Rituel de l'*Encyclopedia Universalis*, Paris, 1985, vol. 15, p. 1161.

3. E. Durkheim, *ibid.*, p. 60.

sation et de l'organisation grecque puis romaine et de leurs rejetons européens qui ont culminé dans la notion moderne d'État. Il n'est donc pas surprenant que le politique, la politique et la science politique soient concentrés sur l'État. Ce n'est que relativement récemment que les spécialistes ont pris conscience des formes non étatiques d'organisation de la cité dans le passé et ont été confrontés à la multiplication des instances politiques non étatiques dans le présent.

Les termes de pouvoir, le politique, de lutte pour le pouvoir, la politique, l'étude des deux, la science politique, autant de sens de *politique* qui nous guideront dans ce texte.

La notion de religion est occidentale. Elle suppose une dissociation entre la cité, le politique et la religion. Cette dichotomie, issue de l'Empire romain[1], prend pour acquis que l'organisation politique de la société et les croyances et pratiques religieuses des hommes qui, jusque-là, étaient indissociables peuvent mais ne doivent pas aller de pair. La séparation entre politique et religion, et la laïcité qui en découle, sont caractéristiques du monde chrétien occidental. Elles ont peu ou pas de sens dans la majorité des autres sociétés.

Les définitions de foi, religion et Église sont fortement influencées par l'expérience chrétienne. Elles s'appliquent difficilement au judaïsme (une Église juive ?) et à l'islam (on est membre du Dar Al Islam ou en dehors, c'est une foi et la laïcité en est absente). Pour les religions qui ne sont pas issues du Livre, pour celles qui ne sont pas monothéistes, quel vocabulaire utiliser ? En sanskrit, langue de l'hindouisme, le terme *religion* n'existe pas. Le bouddhisme n'a ni rite d'initiation, ni langue sacrée, ni hiérarchie religieuse. Le confucianisme s'est développé sans église ni clergé.

1. Voir *infra.*

La foi, nous semble-t-il, n'est pas limitée à la foi en Dieu, elle peut comprendre la croyance en plusieurs dieux. Monothéisme ou polythéisme, l'élément essentiel est la croyance en une transcendance, en quelque chose qui dépasse l'homme. Quelle que soit la représentation que l'on se fait de la transcendance, le fait même d'y croire est un acte de foi.

Que faire des « religions sans religion » ? Si l'on considère la religion comme une communauté structurée avec ses rituels et ses codes de vie recommandés, nous croyons qu'il n'est pas abusif d'utiliser ce terme pour tous les systèmes de croyances en une transcendance, y compris ceux qui se disent *non religieux*. Les rites étant présents dans tous ces systèmes, régissant les relations avec le supernaturel et avec les autres croyants, la notion de religion peut leur être attribuée. La principale distinction n'est pas entre les diverses religions mais entre toutes les religions et l'humanisme. L'humanisme qui place l'homme au centre du monde, qui voit dans l'homme l'*alpha* et l'*omega* de l'existence, se situe en opposition aux religions qui placent l'homme dans une relation avec la transcendance. Une religion peut plus ou moins respecter les hommes, en particulier ceux qui ne partagent pas ses croyances, mais elle ne peut être humaniste, en ce sens que si elle rejette la notion de transcendance, elle perd sa raison d'être. Que les rites religieux soient diversifiés ne leur enlève pas leur caractéristique universelle : canaliser les relations entre l'homme et une autorité supérieure surpernaturelle.

Église, au sens durkheimien, s'applique à toutes les formes de religion, y compris celles sans clergé. Malgré toutes les différences, et elles sont nombreuses, les religions donnent naissance à des Églises, même et surtout quand ce terme est rejeté, pour la bonne raison qu'elles projettent une certaine représentation de l'univers et qu'elles valorisent des pratiques identiques. Qu'il s'agisse de prière, de sacrifice, de méditation, de calendrier liturgique, de pèlerinage, aucun ne peut se limiter au niveau individuel. La prière ou la méditation peuvent être personnelles, à l'écart du monde mais elles suivent un certain modèle, modèle valable pour tous les adeptes de la religion qui suivent un rite. Bien plus, il est des moments et des lieux où la prière devient publique, témoignant ainsi de l'existence d'une Église. Sacrifice, calendrier et pèlerinage impliquent un cadre qui balise les activités religieuses. L'existence de ce cadre confirme que même les « religions sans religion » ont des rituels privés et publics et que leur institutionnalisation génère des Églises.

Foi présente dans le monde, religion prévoyant les relations des fidèles avec la transcendance et entre eux, église comme organisation dans la Cité, les trois se rencontrent dans les sociétés. En évitant les tentations du syncrétisme artificiel et de l'impérialisme culturel, nous retiendrons la notion de religion comme étant l'ensemble des manifestations concrètes d'une croyance que partagent des hommes en une dimension spirituelle qui transcende leurs conditions physiques.

Que nous le souhaitions ou non, la Cité et son expression moderne l'État existent, nous vivons dans un cadre politique. Que nous le souhaitions ou non, nombre d'hommes croient en une transcendance, sont adeptes de religions, appartiennent à des Églises. Il est donc inévitable que politique et religion soient en contact.

Les relations entre politique et religion sont une constante dans l'histoire. A l'origine, la fusion politique-religion a permis la constitution d'un pouvoir sacré qui imposait l'obéissance aux membres de la société. Démocratisation et laïcisation ont abouti à une séparation entre l'État et l'Église (chap. I). Distinction entre structures du pouvoir politique et systèmes de croyances et de pratiques religieuses n'ont pas empêché la religion d'être, dans maints cas, une composante de l'identité nationale (chap. II). Dans les sociétés modernes, le rôle de la religion a été largement négligé par la science politique, ce qui est d'autant plus surprenant que les religions jouent un rôle public par l'intermédiaire de partis et de groupes de pression religieux (chap. III). Il n'est pas jusqu'à l'arène internationale où les religions font en sorte de compter parmi les acteurs (chap. IV).

Fusionnés ou séparés, politique et religion ne peuvent que s'influencer mutuellement. Le font-elles au nom des réalités dans la poursuite de leurs intérêts respectifs ou au nom des principes, d'une vision du monde, dans une quête de légitimité ?

Chapitre I

# RELIGION ET POLITIQUE : UNE LENTE DIFFÉRENCIATION

Religion et politique, la vie en société relève des deux. La sociologie classique nous rappelle que tout système de vie en groupe suppose un pouvoir de domination. Cette domination est acceptée, selon Durkheim, parce que la société sécrète une image sacrée d'elle-même, la sacralisation du pouvoir garantissant une stabilité de la société.

## I. — Hiérarchie : le gouvernement sacré

Religion et politique, les deux reposent sur la notion de hiérarchie, l'organisation sociale qui assigne à chacun une place dans l'échelle de pouvoir, lui indique qui est au-dessus de lui et peut exercer un pouvoir sur lui et qui est au-dessous et sur lequel il peut exercer son pouvoir. Ce système pyramidal ne s'appelle pas hiérarchie par hasard. Selon l'étymologie, hiérarchie vient de *hieros*, sacré, et de *arkhein*, commander, ou *arché*, commandement. Le pouvoir ultime est donc sacré. Les premières utilisations de l'expression hiérarchie visaient des entités religieuses, « l'ordre et la subordination des différents chœurs des anges » puis « l'ordre et la subordination des divers degrés de l'état ecclésiastique »[1]. Anges ou prê-

1. *Robert*, 1973, p. 841.

tres, ils sont par essence au service de Dieu, ont chacun une ou des responsabilités précises, ne sauraient empiéter sur les prérogatives des autres, ont des comptes à rendre à leurs supérieurs et des comptes à demander à leurs subordonnés. Le pouvoir émane du sommet.

Qui dit hiérarchie ne se contente pas d'évoquer un organigramme qui permet de se situer dans une organisation. Il dit aussi que dans l'organisation et, encore plus si l'organisation est considérée comme la société dans sa totalité, il existe une autorité supérieure, communément appelée le souverain. Le souverain est supérieur car il est placé au sommet de la hiérarchie, il est supérieur car occuper l'échelon suprême change sa nature. Le fait qu'à l'époque moderne la démocratie fasse émaner le pouvoir de la base, de la « volonté du peuple », ne doit pas faire oublier qu'historiquement le souverain était la source du pouvoir et que son autorité reposait sur le lien privilégié qu'il entretenait avec le sacré, avec le divin, quand il n'était pas lui-même la divinité.

Chefs religieux et chefs politiques confondus au point que le sommet de la hiérarchie politique est considéré comme Dieu, les exemples ne manquent pas : Pharaon, Inca fils du Soleil, Dalaï Lama, empereur du Japon... Contrairement à ce que l'on pourrait penser, la sacralisation du souverain ne remonte pas toujours à la nuit des temps et est quelquefois d'origine relativement récente.

Ainsi le Tibet est devenu bouddhiste au VII^e siècle mais ce n'est qu'à partir du XVII^e siècle que s'institutionnalise la fonction de Dalaï Lama, à la fois leader national et leader religieux. L'expression souvent utilisée en Occident de *Dieu vivant* laisse perplexe car le bouddhisme n'est pas théiste, encore que le Dalaï Lama représente Avalokitesvara, ce qui lui donne un caractère sacré.

L'empereur du Japon présente un cas des plus intéressants. Le shinto, religion populaire ethnique du Japon, avec ses croyances, coutumes et traditions, accorde une place importante aux ancêtres. C'est à l'époque du Meiji (1868), lorsque le Japon choisit d'entrer dans la modernité, que se renforce le culte de l'empereur. La religion officielle va alors affirmer que la famille impériale est d'origine divine, que l'empereur est donc Dieu et que, par conséquent, les Japonais lui doivent révérence religieuse et obéissance politique. Le culte de l'empereur se manifeste dans des cérémonies religieuses. Dans le palais impérial, trois sanctuaires rendent hommage aux divinités du ciel et de la terre, aux esprits divins des empereurs et à l'ancêtre de la dynastie impériale, la déesse Amaterasu Omikami. Le shinto devient un moyen d'assurer la cohésion de la nation japonaise, pendant une période de profonds changements de la société, en sacralisant l'empereur. Après la défaite du Japon en 1945, les États-Unis ont voulu instaurer un système démocratique tout en respectant les traditions nippones. S'est alors posée la question du Dieu empereur. Un compromis fut atteint : l'empereur gardait son trône et sa place au sommet de la hiérarchie formelle, par contre il renonçait publiquement, le 1er janvier 1946, à son rôle de divinité impériale.

On ne saurait trop insister sur le rôle crucial de l'Empire romain dans les relations entre politique et religion. Rome accepte les dieux locaux des nations subjuguées à la seule condition qu'elles reconnaissent l'empereur comme membre dominant de leur panthéon. Rome, symbolisée par l'empereur, devient ainsi non seulement *de facto* mais *de jure* la puissance politique tutélaire au-dessus de peuples plus ou moins égaux. Si l'empereur est d'essence divine, les sujets lui doivent, au nom de l'obéissance religieuse, le respect politique. Vu sous cet angle, on comprend mieux la virulence du conflit entre Rome et Jérusalem. Que la Judée ait été soumise à Rome n'a rien d'exceptionnel. La majorité des peuples du Bassin méditerranéen connaissait le même sort. Ce qui est exceptionnel est que, pour les Juifs, le Dieu d'Israël était le seul et unique Dieu et qu'il n'était sujet à aucune concurrence. Un empereur qui n'est pas plus divin que les autres dieux signifie un empereur abaissé au niveau des autres chefs politiques. Si l'empereur est un chef politique sans attribut divin, il est donc faillible et il devient légitime de s'y opposer. Le monothéisme qui commence à se répandre dans l'Empire romain, sous l'influence juive bien sûr mais ensuite sous l'influence chrétienne sans oublier le proto-monothéisme de Zoroastre, était un danger pour la paix romaine. Ceci explique la férocité de la répression romaine contre Jérusalem : destruction du Temple en 70, épandage de sel sur le Mont du Temple en signe de mort, massacres, expulsion, esclavage, etc.

Après une politique de persécution des chrétiens qui acceptaient le pouvoir politique de Rome mais rejetaient la divinité de l'empereur (« Rendez à César ce qui appartient à César, et à Dieu ce qui appartient à Dieu » Matthieu XXII, 21), Rome connaît une brève période de tolérance. Constantin (± 274-337), premier empereur chrétien promulgue avec le co-empereur Licinius l'édit de Milan (313). Cet édit abolit la persécution des chrétiens et proclame la tolérance pour toutes les religions. Quelques années plus tard, Constantin devenu seul et unique empereur, met Rome au service du christianisme, impose le repos du dimanche, accorde des privilèges à la seule Église catholique, lui cède des terres. Le christianisme devient la religion de l'État. On est passé de l'empereur divin à l'État au service de la religion, première manifestation de ce qu'on appellera plus tard l'alliance du sabre et du goupillon. Le fait que l'État soit au service de la religion officialise, aux yeux de tous, la séparation entre deux concepts, celui politique d'État, et celui religieux, d'Église.

Après la chute de Rome, l'Europe qui se christianise assiste à un chassé-croisé entre souverain temporel et leader religieux, l'empereur et le pape. Le fondateur du Saint Empire romain germanique – chaque terme est significatif – Otto I^er^ (936-974) est couronné empereur à Rome par le pape Jean XII le 2 février 962, ce qui n'empêche pas Otto de chasser le pape peu après. Les concepts de politique et de religion ont beau être distincts, État et Église sont très proches. Le système fonctionne en faveur de l'État. Les évêques d'Allemagne, par définition des clercs dans une masse d'analphabètes, deviennent des cadres publics[1]. Ils obtiennent pouvoir, prestige et rémunération et, en échange, se mettent au service de l'empereur. L'Église aide à la marche de l'État et l'État traite généreusement l'Église. Cela ne dura guère. Au siècle suivant se déroule l'épisode de Canossa qui marquera l'Europe.

Grégoire VII et Henri IV d'Allemagne voulaient affirmer leur autorité suprême sur la société. Lorsque Henri nomma un nouvel archevêque à Milan, Grégoire le menaça d'excommunication. Henri réunit alors le synode de Worms qui dépose Grégoire. Ce dernier excommunie Henri et, intervention directe dans le politique, relève les sujets de leur devoir d'obéissance. Henri n'a d'autre choix que d'aller à Canossa en 1077 et de s'humilier publiquement devant le pape. Le triomphe de Grégoire est de courte durée. Il lève l'excommunication... et se trouve, trois ans plus tard, chassé de Rome par un nouveau

1. Weber explique ainsi le rôle étatique des clercs « aussi bien dans les Indes occidentales et orientales qu'en Chine, au Japon, en Mongolie lamaïque ou dans les pays chrétiens du Moyen Age. Ils savaient écrire », *ibid.*, p. 124.

pape, Clément III, choisi par Henri. Grégoire meurt à Salerne en 1080 et Henri est couronné par Clément en 1084.

Les aspects rocambolesques de Canossa ne doivent pas faire oublier que l'échec apparent du pape s'est traduit à long terme par une victoire de l'Église. Pendant plusieurs siècles, il sera accepté que tout puissant qu'il soit dans son fief, le souverain est subordonné à Rome. Le pape se donne le droit, droit qui portait à conséquence à l'époque, de lever le devoir d'obéissance des sujets s'il estimait que le souverain ne suivait pas les décisions de l'Église. Cette menace a également été utilisée, même après la Réforme, contre les souverains récalcitrants. C'est ainsi que Pie V a excommunié Elizabeth Ire (1533-1603), ce qui n'est guère surprenant car elle était protestante, mais plus grave, a libéré les catholiques d'Angleterre de leur devoir d'obéissance au souverain et, pendant dix ans, a été jusqu'à leur ordonner de lui désobéir.

L'Église catholique, grâce à son influence sur la population, avait la possibilité de fomenter ce que l'on peut qualifier anachroniquement de désobéissance civile. L'aura religieuse qui entourait le souverain et assurait son autorité dépendait du bon vouloir du pape.

La Réforme qui rejetait la puissance papale a été, elle aussi, confrontée à la question des relations avec le politique. La réponse, tant de Luther que de Calvin, a été une politique d'accommodation et quelquefois même de collusion. Les princes allemands que l'influence papale agaçait ont eut recours au nationalisme pour justifier leur passage à la Réforme. S'y ajoutaient le désir de faire main basse sur les propriétés de l'Église, la quête d'excuses pour les innombrables conflits entre petits souverains locaux et la recherche d'une caution religieuse à une répression impitoyable contre la révolte paysanne (1524). Dans sa philosophie, Luther qui se faisait le chantre de la liberté religieuse, contre le pape, ne l'accompagnait pas d'une liberté politique, contre le prince. Dans le cas de la révolte, il considérait que les princes et les paysans ne se comportaient pas en croyants chrétiens mais que les premiers avaient un avantage. Un souverain ne peut occuper son poste que parce que Dieu le veut. Étant lui-même pêcheur, le souverain n'est pas sacré mais il n'en est pas moins de droit divin. Quant aux paysans, ce sont « des hordes criminelles et pillardes, ennemies de Dieu et des hommes ». Les hommes doivent donc se soumettre aux souverains mais ceux-ci doivent défendre la vraie foi. Comme, de surcroît, Luther n'a qu'une confiance limitée dans les hommes d'Église, même luthériens, il accepte que l'administration de l'Église soit soumise au pouvoir laïque. D'une Église catholique romaine, perçue comme étrangère, on passait à des Églises nationales. Loin de se distancier, État et Églises se rapprochaient, d'un pape qui rappelait à l'ordre les princes, on passait à Luther qui leur donnait son appui.

Il n'est pas jusqu'à Jean Calvin qui a accordé une place de choix au pouvoir temporel. Il prêchait certes une liberté religieuse conditionnée par la prédestination, il préférait des leaders politiques choisis aux souverains héréditaires, il n'en préconisait pas moins la soumission aux souverains, mêmes abusifs, à la seule condition qu'ils respectent la Parole divine. Il considérait que les Églises devaient être autonomes, que les pouvoirs publics étaient légitimes et que les deux devaient collaborer. Cette collaboration voyait le pouvoir séculier se mettre au service de l'Église mais en même temps lui donnait un droit d'ingérence dans les affaires de l'Église. A Genève, le Consistoire, composé de laïcs et de pasteurs, les premiers recherchant une religion d'État, les seconds une théocratie, imposait, par les édits de 1543, un système où toute personne reconnue pécheresse par l'Église – absence aux sermons des prédicateurs, ivrognerie, débauche, hérésie... – était remise au pouvoir civil pour recevoir son châtiment (exécution de Servet en 1553 pour hérésie). En contrepartie, l'assentiment du pouvoir temporel devenait une condition au bon fonctionnement des Églises. Ainsi, le choix des prêtres, *a priori* une décision religieuse, était soumis au droit de veto des autorités politiques.

La rupture avec Rome s'est accompagnée d'un renforcement des liens entre les Églises et les souverains.

Le cas extrême de fusion, sinon de confusion, entre Église et État a été la création de l'Église anglicane. Henri VIII (1491-1547) voulait divorcer de Catherine pour épouser Anne Boley. L'Église refusa d'annuler le mariage en 1529. Sous les pressions du souverain, le clergé d'Angleterre se soumit à lui et, en 1533, l'archevêque de Canterbury, Thomas Cranmer, annula le mariage. Le pape excommunia le roi. En 1536, *L'Acte de suprématie* transfert les pouvoirs du pape au roi, « unique et suprême chef sur terre de l'Église d'Angleterre ». Complété par *L'Acte d'uniformité* d'Élisabeth en 1558 et les 39 *articles de religion* de 1563, l'Acte donne naissance à l'Église anglicane, avec son décorum et sa hiérarchie ecclésiastique proches du catholicisme et sa doctrine inspirée du protestantisme. C'est une réussite de l'intervention politique dans le domaine religieux. Les tribulations maritales d'un chef d'État, le courage d'un Thomas More décapité pour avoir refusé le serment d'allégeance à Henri VIII comme chef de l'Église d'Angleterre, la concurrence entre catholicisme, calvinisme et luthérianisme, *L'Acte de tolérance* de 1689 qui reconnaît la liberté de conscience à tous les protestants et conserve le monopole politique aux anglicans tout cela a donné un résultat curieux. Le souverain, aujourd'hui Elizabeth II, est le chef en titre de l'Église, en nomme les diocésains (équivalent des évêques), mais elle laisse la direction religieuse à l'archevêque de Canterbury. L'Église a quelque 25 millions de membres en Angleterre auxquels s'ajoutent les fidèles des Églises épiscopaliennes d'Écosse, d'Irlande, du pays de Galles, des États-Unis, du Canada et d'autres pays du Commonwealth. Près de 80 millions de personnes appartiennent à des Églises qui sont liées à un souverain temporel. Les conséquences de ce lien pourraient poser un problème tant religieux que politique dans l'avenir. Charles, héritier du trône, peut-il épouser une divorcée ? Une catholique peut-elle être l'épouse d'un roi d'Angleterre ? Ces questions peuvent faire sourire. Elles n'en reflètent pas moins l'actualité des relations entre religion et politique.

## II. — **Démocratisation**

La démocratisation s'est manifestée aux deux extrêmes de la hiérarchie : le souverain et la masse. Au sommet, la nature de l'autorité supérieure s'est transformée. A la base, le droit de vote, de nouvelles formes d'organisation et de rapport socio-économique, les mouvements de masse comme les syndicats, le tout accompagné d'une montée des idéologies laïques, rendaient obsolète le rôle de l'Église catholique.

Même si le chef d'État n'est plus de nos jours, sauf rarissime exception, Dieu ou le représentant de Dieu sur terre, une relation entre chef d'État et religion continue à être fréquente. Cette relation peut prendre plusieurs formes. L'hérédité permet au successeur du souverain britannique de devenir, *ipso facto,* « défendeur de la foi » et aux rois Hassan du Maroc et Hussein de Jordanie de s'affirmer descendants de Mohamed. Le sacre d'un souverain est, en soi, une cérémonie religieuse. Les chefs d'État élus et non pas héréditaires utilisent des symboles religieux lors de leur prise de pouvoir. Ces symboles sont *de jure* – prestation de serment du président des États-Unis sur la Bible – ou *de facto* – visite du Premier ministre d'Israël au Mur occidental à Jérusalem. Le choix du leader hiérarchique a beau être devenu souvent l'aboutissement d'un processus démocratique, il n'en reste pas moins que dans maints pays laïcs, l'élu n'occupe ses nouvelles fonctions au sommet de la hiérarchie politique qu'après un cérémonial d'inspiration religieuse.

Une étape majeure dans le processus de distanciation entre religion et politique est la démocratisation de la légitimité du souverain, le passage de « Souverain par la grâce de Dieu » à « Souverain par la volonté du peuple ».

L'origine de cette transformation est l'Angleterre du XVII$^{e}$ siècle. Le roi de droit divin était déjà aux prises avec le Parlement qui devait autoriser toute levée d'impôts. Lorsque Charles I$^{er}$ (1600-1649), dont les relations avec le Parlement étaient particulièrement mauvaises, essaya d'imposer l'Église anglicane à l'Écosse, eut recours à la force et échoua, il fut contraint de réunir le Parlement, en 1640, pour obtenir un budget. Il tenta d'intimider le Parlement en faisant arrêter cinq de ses membres, ce qui déclencha une guerre civile. Le vainqueur, Oliver Cromwell (1599-1658) devint dictateur. Charles I$^{er}$, arrêté depuis 1646, fut condamné et exécuté en 1649. L'Angleterre n'était plus une monarchie de droit divin, tempérée par le rôle du Parlement, mais un Commonwealth, une république. Le cordon ombilical entre le souverain, représentant de Dieu sur sa terre, et l'État avait été coupé. Pendant cette période troublée, Thomas Hobbes (1588-1679) écrit le *Léviathan* où il lie nécessité du pacte social et pouvoir absolu du souverain. La démocratie a peu de sens car tous ont remis, en vertu du contrat social, leurs droits naturels au Léviathan, à l'État qui assure à ses citoyens protection ou, en termes modernes, loi et ordre. Politique et religion sont indissociables car « la distinction du pouvoir temporel et du pouvoir spirituel est purement verbale »[1]. Si, comme l'affirme Hobbes, « le gouvernement de l'État et de la religion doit être unique »[2], il en découle un devoir religieux d'obéissance à l'État, ce qu'Anne-Laure Angoulvent appelle une « organisation politique de la croyance »[3]. Cette construction intellectuelle, fondée sur une combinaison de crainte de Dieu et de crainte du souverain, avait pour ambition de promouvoir la stabilité du système politique. Il n'en a rien été. Deux ans après la mort de Cromwell, Charles Stuart (1630-1685), fils du roi exécuté, rentra d'exil pour occuper le trône mais avec une innovation : « Le gouvernement d'Angleterre est et doit être celui du Roi, des Lords et des Communes. » Toute trace de supériorité ontologique du souverain avait disparu. James II (1633-1701), successeur de Charles Stuart, réussit à se mettre tout le monde à dos et s'enfuit, en 1688, à l'arrivée de Guillaume d'Orange, son gendre, que des pairs du royaume avaient été cherché. Ce n'est plus seulement le droit divin qui avait disparu mais même l'hérédité. Le souverain n'occupe pas le trône par droit héréditaire automatique mais à la demande de ses sujets. Le Parlement en profita pour voter le *Bill of Rights* de 1689 qui instaurait un régime parlementaire. La monarchie était devenue parlementaire. Mais, rappel de l'influence de la religion, le dernier article du Bill statuait qu' « aucun souverain ne peut être catholique romain ou épouser un catholique romain ».

1. Cité dans Anne-Laure Angoulvent, *Hobbes ou la crise de l'État baroque*, Paris, PUF, 1992, p. 133 et 134.
2. *Ibid.*
3. *Ibid.*, p. 143.

En France, plus d'un siècle plus tard, un résultat similaire a été temporairement atteint, après des guerres civiles et internationales. Louis XVI, de droit divin, a été exécuté en 1793. Après la République et l'Empire, la monarchie restaurée a continué à évoquer le droit divin : Louis XVIII puis Charles X, sacré à Reims en 1825, dernier roi à prêter serment de défendre la foi et l'Église catholiques. Son successeur, Louis-Philippe, surnommé le roi-citoyen, est roi par la « volonté du peuple », ce qui se traduit par un changement de terminologie. On n'a plus affaire au roi de France mais au roi des Français.

Les États d'Europe qui ont un système monarchique (Belgique, Pays-Bas, Espagne, Danemark, etc.) ont gardé des rites religieux (cérémonie du sacre), quelquefois des liens privilégiés avec l'Église nationale (Angleterre) mais aucun ne voit dans la personne du souverain un leader religieux, encore moins un représentant de Dieu. Le souverain est à la tête de l'État et ne le symbolise qu'avec l'assentiment des Parlements. L'onction religieuse ne crée plus la légitimité politique, c'est la volonté populaire qui autorise l'onction. La démocratie, symbolisée par l'extension continuelle du droit de vote – suffrage censitaire, étendu à tous les propriétaires puis, petit à petit, rendu universel mais limité aux hommes avant de devenir universel, hommes et femmes – renforçait la légitimité de l'État face à l'Église. Le développement capitaliste, souvent débridé et entraînant des conditions de vie pénible pour les travailleurs, poussait ces derniers vers les idéologies de gauche. Syndicalisme, socialisme, communisme s'inspiraient d'une vision du monde dominée par la lutte de classes, lutte qui laissait l'Église hors jeu.

Pour contourner démocratie, capitalisme sauvage et socialisme, l'Église a fait la promotion du corporatisme. Inspiré de saint Thomas, le corporatisme supposait que patrons et ouvriers d'un même secteur économique s'entendraient sur les décisions à prendre. Cela limiterait les excès du capitalisme, rendrait inutile le concept de lutte de classes et, du coup, minimiserait les interventions de l'État dans la société. Les encycliques *Rerum Novarum* (1891) et *Quadragesimo Anno* (1931) abondent dans ce sens. Le corporatisme à la catholique suggérait aux parties en cause, si elles n'arrivaient pas à trouver une solution, à recourir au magistère de l'Église.

Cette vision catholique du corporatisme s'est manifestée au Québec jusque dans les années 1960. Lorsque les ouvriers y ont commencé à se syndiquer à la fin du XIXe et au début du XXe, plusieurs des syndicats s'inspiraient du modèle américain. Ils ont été accusés d'être anglais, protestants, communistes et juifs... Ces attaques n'ont pas empêché le syndicalisme d'exercer un attrait sur les ouvriers du Québec. La réponse de l'Église devant ce mouvement concurrent a été double. Elle a créé son propre mouvement syndical catholique, la Confédération des travailleurs catholiques du Canada (devenue la Confédération des syndicats nationaux le 29 septembre 1960, bel exemple du passage de la religion comme garante de l'identité au nationalisme), CTCC dont toutes les réunions se tenaient en présence d'un aumônier. Elle a recommandé à l'État la mise sur pied d'un système ingénieux : des conventions collectives signées par quelques entreprises et quelques syndicats dans certains secteurs d'activité économique pouvaient devenir une norme s'imposant à l'ensemble du secteur, rendant ainsi le syndicalisme à la fois moins indispensable et intégré à une gestion corporatiste de la société. Le syndicalisme chrétien n'est pas sans rappeler le syndicalisme comme courroie de transmission du Parti communiste, aumôniers et commissaires politiques contrôlant les décisions.

Souverain par la volonté du peuple, gouvernement élu au suffrage universel, organisations de masse non soumises au magistère de l'Église, que restait-il des liens privilégiés entre religion et politique ?

### III. — Séparation de l'Église et de l'État

La séparation entre l'Église et l'État, que l'on associe aux Temps modernes, a eu des précurseurs au Moyen Age. Déjà Guillaume d'Occam (± 1285-1349) récusait tout rapport entre théologie et philosophie, foi et raison appartenant à deux domaines distincts, et, corollaire terrestre, distinguait pouvoir spirituel et pouvoir temporel. Pour lui, chacun constituait une sphère spécifique et il n'était donc pas plus question que le souverain intervienne dans les affaires de l'Église que le pape dans le choix du chef du Saint Empire romain germanique.

Trois siècles plus tard, dans son *Traité théologico-politique*, Spinoza s'en prend au despotisme théologique, source de conflits. Il préconise un système où le politique trancherait sur le choix de société, gestion que facilitera un « État qui administre la religion, en choisit les ministres, juge des mœurs des fidèles... ». Ce passage de la responsabilité religieuse à la responsabilité politique ne peut manquer d'évoquer une forme, certes originale, d'État-providence. Cette approche s'inscrit dans le courant de démocratisation de la vie politique – le pouvoir vient d'en bas, du peuple et non plus d'en haut, du souverain ou de la divinité –, démocratisation qui s'est accompagnée d'une distanciation entre religion et politique, entre Église et État. La distanciation prend deux formes, la laïcité et la séparation entre l'Église et l'État. La laïcité suppose que la sphère publique n'a plus de connotation religieuse, la religion étant reléguée à la sphère privée. Croyances et pratiques religieuses sont libres mais ne relèvent plus du politique, l'État étant religieusement neutre et la société ayant laïcisé des valeurs et coutumes jusqu'alors religieuses. La séparation de l'Église et l'État semble plus tranchée : l'État interdit à l'Église ou aux Églises de recourir à la loi pour imposer l'obéissance à leurs credo et l'État s'interdit à lui-même de favoriser une ou des Églises particulières. Chacun est libre dans sa sphère mais l'État dominant le politique, l'Église en est réduit à jouer le rôle d'un groupe d'intérêt à l'intérieur du cadre sociétal chapeauté par l'État. C'est ainsi que l'on comprend la séparation entre les Églises et l'État en France. L'État représente tous les citoyens, indépendamment de leur religion ou de leur absence de religion, les Églises sont des groupements de droit privé, auxquels les fidèles appartiennent par décision volontaire, sans aucune pression ou obligation. Ces Églises sont libres d'organiser des activités dans le cadre des lois mais on attend d'elles qu'elles s'abstiennent d'intervenir dans le domaine politique.

Le symbole en est le mariage civil. Le fait d'imposer le mariage civil n'empêche nullement les croyants de demander une cérémonie nuptiale religieuse (catholique, protestante, juive, musulmane ou autre) mais cette cérémonie non seulement n'a pas de valeur légale, elle est interdite sans un mariage civil préalable. Cette vision séparée sinon antagoniste des rapports État-Église est typiquement française. D'autres sociétés combinent séparation de l'Église et de l'État tout en laissant une très large place à la foi dans la sphère publique. Le cas le plus probant est celui des États-Unis où séparation ne signifie pas sphère publique laïque et sphère privée religieuse mais sphère publique comprenant un élément de foi publique et sphère privée où se manifestent les religions.

Ce n'est pas un hasard si le concept de religion civique vient des États-Unis. Il ne s'agit pas d'inventer une religion laïque et de l'imposer à la société – comme l'avaient essayé les révolutionnaires français de 1790 avec leur culte de l'Être suprême et de la Déesse Raison, leur calendrier révolutionnaire, leur plantation d'arbres de la liberté, etc. –, ni de singer la religion – comme l'avaient essayé les États communistes d'Europe avec leur Fête d'Hiver au moment de Noël, leurs cérémonies d'allégeance des jeunes au parti copiées sur les cérémonies de première communion, etc. – mais bel et bien d'une foi faisant partie intégrante de la vie publique tout en transcendant les diverses particularités religieuses des Églises.

Les révolutionnaires américains étaient imbus de foi chrétienne mais se partageaient entre plusieurs Églises. Contrairement aux Français, ils n'avaient pas à tenir compte ni de l'adoration devant le souverain tout-puissant, représentant de Dieu sur terre, à la Bossuet, ni du vague mépris exhibé par des notables à l'égard de l'Église et de ses pratiques. Ils estimaient que de même qu'il est légitime pour un chrétien de choisir l'Église qui lui convient le mieux, de même il est légitime pour un citoyen de choisir le régime politique qui lui convient le mieux. L'indépendance, loin d'être perçue comme une attaque contre l'ordre établi, contre le souverain et l'Église anglicane, a été comprise, et l'est encore de nos jours, comme la création d'un monde meilleur où la foi fournissait un ciment mais où les Églises ne pouvaient imposer aucune obligation. A la Convention constitutionnelle de 1787, ce n'est pas un prêtre mais Benjamin Franklin qui a fait l'invocation. Franklin croyait en Dieu, en l'immortalité de l'âme, en la punition du mal et la récompense du bien, en l'obligation de faire le bien aux autres. Selon lui, toutes les religions s'entendaient sur ces principes. Il rappela que « Dieu gouverne les affaires des hommes » et qu'aucun État ne pouvait fonctionner sans son aide. La religion devait être un moyen de promouvoir le bien public sur lequel s'aligneraient tous les intérêts personnels[1].

Dans un premier temps, la foi publique se limitait au christianisme. Neuf des treize États américains d'origine faisaient référence au christianisme dans leurs constitutions et seuls les protestants pouvaient y occuper des postes publics. Il a fallu attendre la guerre de Sécession (1861-1865) pour que cette discrimination religieuse disparaisse.

La religion civique américaine, ce mélange de foi et de laïcité, aucune religion n'ayant la primauté sur les autres, s'exprime dans la Fête de l'Action de Grâces. Thanksgiving est une fête d'origine puritaine : à la fin des moissons les agriculteurs remercient Dieu de leur avoir donné des récoltes suffisantes pour passer l'hiver. Cette cérémonie est elle-même inspirée de la Bible. L'Action de Grâces est devenue la fête de la religion civique et est plus célébrée que n'importe quelle autre date religieuse. Elle est une occasion de réjouissances pour tous, y compris les non-chrétiens et les non-croyants, elle est une occasion de retrouvailles familiales plus importante que Noël, plus de personnes voyagent pour passer l'Action de Grâces en famille qu'à tout autre moment de l'année. Elle permet à tous les Américains d'exprimer le bonheur d'être américain. Un hebdomadaire juif extrêmement religieux de New York, *The Jewish Press*, qui rejette toute entorse aux traditions du judaïsme, qui considère qu'imiter les non-juifs met en danger l'authenticité de la vie juive, n'en est pas moins un fervent partisan de l'Action de Grâces, même si sa date n'a aucune relation avec le calendrier juif. C'est que, nous explique son directeur,

1. Sur le rôle de la foi et des religions dans la Révolution américaine, voir Oscar et Lilian Handlin, Religion, Nationalism and Revolution in America, in *Religion, Ideology and Nationalism in Europe and America*, The Historical Society of Israel et The Zalman Shazar Center for Jewish History, Jérusalem, 1986, p. 215-225.

le rabbin S. Klass, remercier Dieu de ses bienfaits est une bonne chose, le faire le même jour que tous les Américains manifeste que l'Amérique forme un grand tout, qu'elle a une relation particulière avec Dieu, qu'elle est fondée sur des valeurs morales, spirituelles et familiales. Cette apologie d'une fête d'origine puritaine par un farouche défenseur du judaïsme le plus orthodoxe nous montre à quel point la religion civique est ancrée dans les mœurs américaines. Séparation entre l'État et les Églises, certes, mais dans le respect d'un rapprochement, voire même d'une fusion, entre le politique et la foi.

Ceci ne va pas sans difficulté. Selon E. Abrams[1], les États-Unis sont passés d'une « neutralité gouvernementale entre les religions » à une « société où la religion ne joue pas de rôle public ». Il explique le passage de la séparation entre l'État et l'Église à la séparation entre la Société et la Religion par un mélange de peur d'une christianisation de la vie publique – qu'appelle de ses vœux une certaine droite américaine dans le style de Pat Buchanan –, de répudiation de l'influence de l'Église catholique – en particulier sa condamnation de l'avortement –, de promotion de l'individualisme. Abrams rappelle que la foi publique est d'abord et avant tout chrétienne : il est symptomatique que le musée de l'Holocauste à Washington, une institution fédérale, est fermé à Noël mais ouvert à Roch Hachana, le Nouvel An juif. Les tribunaux qui respectaient le droit des parents à choisir l'éducation pour leurs enfants manifestent une hostilité croissante à toute forme d'éducation religieuse plus ou moins supportée par l'État. Cette tendance s'est manifestée dans le cas de la Commission scolaire Kiryas Joel. Dans une région de l'État de New York habite un grand nombre de Juifs hassidiques du groupe Satmar. Les

1. Elliott Abrams, *Faith or Fear*, New York, The Free Press, 1997.

enfants fréquentent exclusivement les écoles du groupe. Les enfants handicapés n'ont pas accès aux services spécifiques pour les jeunes en difficulté, services fort coûteux, offerts par la commission scolaire publique aux enfants inscrits dans les écoles relevant de la commission. La séparation de l'État et de l'Église interdit aux pouvoirs publics de subventionner directement un groupe religieux. Pour des raisons idéologiques et pratiques, les parents Satmar refusent d'envoyer des enfants souffrant d'handicaps dans des écoles publiques. L'idée a germé de constituer une « commission scolaire Kiryas Joel » qui regrouperait toutes les écoles Satmar, commission publique qui aurait accès aux caisses de l'État uniquement pour les coûts liés à l'enseignement aux handicapés. La commission scolaire y a fait opposition. Le tribunal a rejeté la demande avec la bénédiction de tous les groupes libéraux, de l'American Civil Liberties Union, connue pour sa défense des minorités et son soutien indéfectible à la séparation État-Église, du *New York Times* et même, ce qui peut paraître surprenant, des principales organisations juives. Ce qui était en cause n'était pas le sort de quelques centaines de jeunes mais la crainte que l'accommodement proposé ne remette en cause le principe sacro-saint de la séparation entre État et Église. Séparation ne doit cependant pas empêcher la liberté d'expression religieuse, protégée par le Premier amendement. Cette liberté va très loin et peut même jouer en faveur de groupes suprématistes et racistes. C'est ainsi que la Cour suprême a autorisé le Ku Klux Klan à ériger une croix dans l'espace prévu pour les manifestations devant la Législature de l'Ohio. Dans la mesure où la croix, symbole religieux, n'est pas payée par des fonds publics, ce qui violerait le principe de la séparation, interdire un symbole religieux alors que tous les autres sont autorisés aurait constitué une discrimination antireligieuse.

La séparation entre l'Église et l'État va très loin. Pour éliminer tout soupçon de préférence pour une religion, une loi de 1867 empêchait l'établissement de liens avec le Saint-Siège par le biais d'une interdiction de financer toute représentation diplomatique auprès du pape. La loi a été contournée, à partir de Roosevelt, par la nomination d'un « envoyé personnel » du Président au Vatican. Elle a été révoquée en 1989.

Les États-Unis ne laissent pas d'étonner. La foi y est omniprésente dans la sphère publique. Tout discours à la nation par le Président se termine par « God bless America », Dieu bénisse l'Amérique, la cérémonie d'investiture du Président, du vice-président et des principaux responsables comprend un serment sur la Bible – Bible qui provient de la famille de celui qui prête serment –, l'expression « In God we trust » apparaît sur la monnaie américaine, de très nombreuses cérémonies publiques commencent par une invocation religieuse. Dans son discours du 17 août 1998 sur ses relations sexuelles, discours où chaque mot était pesé, Clinton s'est senti obligé de parler de Dieu : « Ce que j'ai fait regarde les deux femmes qui comptent dans ma vie, ma femme et ma fille, ainsi que Dieu. » Ceci n'empêche pas l'État, si proche de la foi, d'éviter tout semblant de support en faveur d'une religion spécifique. Les invocations religieuses sont distribuées parmi les diverses Églises, chaque prêtre parlant moins au nom de sa religion que d'une foi dans laquelle toutes les religions peuvent se reconnaître. Ce mélange de séparation et de fusion constitue l'originalité des rapports entre le politique et le religieux aux États-Unis.

Cette fusion est impensable en France car dès l'origine de la République, État et Église ont été en opposition. La République s'inspirait de la philosophie des Lumières, l'Église voulait imposer son magistère, l'exécution de Louis XVI était un choix politique pour la République, un crime contre le « Souverain par la grâce de Dieu » pour l'Église, la confiscation des biens du clergé était perçue comme la consolidation du nouveau pouvoir ou une spoliation, la Constitution civile du clergé de 1790 divisait les prêtres entre les jureurs et les non-jureurs, la révolte de Vendée et les guerres internationales mettaient aux prises les tenants de la liberté et ceux de la religion. L'État, sous sa forme républicaine, invoquait la Déclaration des droits de l'homme et du citoyen, l'Église catholique se faisait le chantre de l'Ancien Régime et de la Contre-Révolution. Cette opposition entre République laïque méfiante de l'Église catholique et l'Église hostile à la Déclaration des droits de l'homme a marqué l'histoire française. Pour présenter le décret d'expulsion des Jésuites (mars 1880), Jules Ferry déclarait que « la Compagnie de Jésus est prohibée par toute notre histoire. C'est à elle que nous voulons arracher l'âme de la jeunesse française ». Plus d'un siècle après la Révolution, l'Église continuait à tolérer la République sans la reconnaître et quand l'occasion se présenta de choisir entre justice et pouvoir, elle choisit l'alliance entre le sabre et le goupillon lors de l'affaire Dreyfus. La loi de séparation de 1905 exprime une opposition entre un dogmatisme laïque républicain et une crispation de l'Église catholique. Pie X a excommunié les parlementaires qui ont voté pour la Loi. Loin de la fusion foi-politique des États-Unis, l'expérience française évoque plutôt la concurrence, si ce n'est le règlement de compte. Ce n'est qu'après la Seconde Guerre mondiale que la situation a commencé à se débloquer.

L'Allemagne offre l'exemple d'un État qui a une relation particulière avec les Églises. Sa Constitution garantit tout à la fois la liberté de religion et de conscience, interdit la discrimination due à une foi ou une religion particulière et déclare que « la religion fait partie de l'enseignement dans les écoles d'État mais que les parents peuvent choisir si l'enfant recevra ou non un enseignement religieux » (art. 7).

L'article 140, qui reprend l'article 137 de la Constitution de Weimar, permet aux Églises de lever des impôts à même les déclarations d'impôt des particuliers. Cette clause donne des résultats curieux. L'état civil, auquel tout nouveau-né est inscrit, comprend une rubrique « religion ». Les parents ont le droit d'y faire un trait ou d'inscrire « sans religion ». En fonction de l'état civil, les enfants inscrits dans les écoles publiques sont dirigés vers les cours d'instruction religieuse catholique ou protestante à moins que les parents ne veulent le cours d'éthique (morale non confessionnelle). Tout salarié remplit une déclaration où il se déclare catholique, protestant, juif ou sans religion. Les *Kirchensteuer*, impôts d'Église, sont retenus à la source et répartis entre catholiques, protestants et juifs. Les seuls moyens pour un salarié de ne pas payer d'impôts religieux sont soit de se déclarer sans religion soit d'entreprendre une démarche pour sortir de son Église. L'Allemagne est un État laïque, dans le sens qu'il est indépendant de la religion, qui reconnaît une place particulière aux grandes Églises dans la sphère publique.

L'islam est réfractaire à la tendance à la laïcisation et à la séparation entre l'État et l'Église. Ceci s'explique largement par les origines mêmes de l'islam. Son fondateur, Mahomet (570-632) était en même temps un chef religieux et un chef politique, et les conflits entre La Mecque et Médine présentaient également ces deux aspects. L'imbrication religion-politique a marqué la succession et a laissé des traces jusqu'à nos jours. Après de multiples péripéties et un conflit armé, un arbitrage a désigné en 658 Muawiya comme calife à la place d'Ali, gendre et cousin du prophète. La querelle de succession a divisé l'islam en trois groupes : les sunnites qui suivent l'acceptation par Ali de l'arbitrage, les chiites qui considèrent que les droits d'Ali ne sauraient être remis en question et les kharéjites qui estiment qu'Ali a eu tort d'accepter l'arbitrage. Ces trois branches se sont développées dans des zones géographiques distinctes : le sunnisme étant majoritaire partout sauf en Iran et Irak (régions largement chiites) et à Oman, au Mzab et à Djerba (kharéjites). La division religieuse a eu une dimension politique, chaque branche cherchant à imposer sa primauté et chaque leader politique utilisant la religion à ses propres fins.

L'Iran témoigne de cet amalgame entre politique et religion. La Perse avait commencé à être islamisée dès l'aube de l'islam, au VIIe siècle. En 1510 un cheikh séfévide prend le pouvoir, se proclame roi et impose le chiisme duodécimain – celui qui reconnaît douze imams – comme religion d'État. Lorsque Khomeyni (1902-1989) renverse le Shah et créé une République islamique en 1979, il le fait comme Naïb-al-Imam, comme vicaire de l'imam caché qui a le droit d'exercer son pouvoir parce que le peuple l'accepte ou, en cas de refus, parce qu'il peut, au nom de l'imam, imposer l'obéissance. Vu sous cet angle, les élections n'ont pas pour objectif de choisir des dirigeants politiques mais plutôt des conseillers politiques pour aider les « guides spirituels » à gouverner.

Lorsque Atatürk abolit successivement le sultanat (1922) et le califat (1924), il ne fait pas que remplacer le sultan Mohamed VI par un président, problème de politique intérieure turque, il crée une onde de choc parmi les musulmans, du moins les sunnites, pour qui le Calife était un symbole d'unité religieuse. Le choix d'Atatürk en faveur de la laïcité, accompagnée d'une égalité pour le christianisme et le judaïsme dans la vie publique et d'une interdiction des langues autres que le turc liées à des religions (arabe et hébreu), choix confirmé *grosso modo* par ses successeurs, fait de la Turquie un rare cas d'État à majorité musulmane et à constitution laïque.

La séparation de l'Église et de l'État s'accompagne souvent d'un mimétisme, les institutions religieuses s'inspirant du modèle étatique. Le système politique et administratif, avec ses caractéristiques – centralisation ou décentralisation, taxation directe ou indirecte, bipartisme ou multipartisme... –, contribue à créer une culture politique propre à chaque État. Les Églises, même lorsqu'elles sont une branche d'une Église transnationale et transétatique, que l'on pense à l'Église de France, même celles, peu institutionnalisées, qui n'en respectent pas moins des autorités religieuses d'autres pays, fonctionnent à l'intérieur de sociétés nationales et d'États. Avoir des liens, formels ou informels, avec d'autres Églises, sœurs ou mères, n'est pas un obstacle au respect du cadre politique. L'influence du politique sur le religieux peut être un réflexe d'adaptation des Églises au changement politique. C'est ainsi que toutes les religions des pays d'Europe occidentale ont constitué ou sont en cours de création d'instances qui correspondent aux frontières de l'Union européenne. Le résultat est clair : à chaque palier politique, du municipal à l'européen, correspondra un palier ecclésial, de la paroisse d'antan à l'Assemblée des évêques européens d'aujourd'hui. L'influence peut être d'autant plus remarquable qu'elle est, dans maints cas, inconsciente. La culture politique et le mode d'organisation des pouvoirs publics exercent une telle influence sur les esprits que les Églises s'en inspirent dans la gestion de leurs institutions religieuses.

Ce phénomène se rencontre à plusieurs niveaux. Les États décentralisés, souvent en raison de l'influence religieuse, cas des États-Unis, ne génèrent pas de leadership religieux national : il ne saurait être question d'une « Église catholique des États-Unis » pas plus que d'un pasteur, grand-rabbin ou mufti des États-Unis. A l'opposé, les États centralisés, souvent en relations avec une Église centralisée, cas de la France, génèrent une notion comme « Église de France », créent officiellement le titre de « Grand-Rabbin de France » et aimerait voir la constitution d'un islam de France avec un leader religieux incontestable. Autant la notion d'institutions religieuses nationales paraît évidente aux Français, indépendamment de leur appartenance religieuse, autant elle paraît bizarre aux Américains qui lui préfèrent des regroupements régionaux (Southern Baptist par exemple). Si l'on étudie des institutions religieuses spécifiques, là encore l'influence de la culture politique et du modèle étatique se fait sentir. Nous avons présenté cette influence dans une étude sur la nourriture *cacher*[1]. Il semblerait logique qu'un système qui voit des abatteurs rituels d'animaux exercer leur profession sous le contrôle d'autorités rabbiniques soit similaire dans toutes les sociétés démocratiques industrialisées. Or l'analyse révèle une étroite corrélation entre modèle étatique et modèle religieux. A État centralisé, système de nourriture *cacher* centralisé, à État décentralisé, système religieux décentralisé. Ainsi la centralisation du pouvoir à Paris a influencé le tribunal rabbinique de Paris qui domine le système français de certification *cacher* alors qu'aux États-Unis décentralisés nous trouvons un grand nombre d'autorités rabbiniques en charge de ce service. De même à fort taux de taxation indirecte correspond une quasi-taxe sur la viande *cacher* (cas de la France), alors que dans les États à fort taux de taxation directe, accompagnée d'un traitement fiscal favorable

1. Julien Bauer, *La nourriture cacher*, Paris, PUF, « Que sais-je ? », 1996.

aux dons de charité, une telle taxe est négligeable (cas de la Grande-Bretagne, des États-Unis). Qu'il s'agisse du rôle d'un éventuel représentant religieux national ou de l'organisation pratique de services religieux, les Églises suivent largement la philosophie et le mode de gestion des États, non seulement pour défendre leurs intérêts (voir plus bas, chap. III, 3) mais parce qu'elles sont convaincues du bien-fondé du modèle étatique.

On est loin du souverain, représentant de Dieu sur terre, concept qui ne pouvait que conduire à une fusion entre les hiérarchies politique et religieuse. Ce n'est pas pour rien que Rome, aussi bien païenne que chrétienne, a fait de l'empereur et, soit du culte à l'empereur, soit du culte de l'empereur à une divinité, le modèle dont devaient s'inspirer les sujets. Dans le Saint Empire romain germanique, même si les fonctions politique, l'empereur, et religieuse, le pape, étaient séparées, même si elles se retrouvaient souvent en conflit (ex. Canossa), ces querelles se déroulaient dans un cadre commun où tous, ou du moins tous ceux qui comptaient, partageaient la même foi et appartenaient à la même Église. Les sujets pouvaient être tiraillés entre ce que l'Église et ce que l'État leur disaient mais, sauf rarissime exception, ils n'avaient pas vraiment à choisir. Ils obéissaient à l'Église catholique romaine, la seule qu'ils connaissaient, et au souverain, qui lui-même appartenait à l'Église.

Le gallicanisme a essayé de faire pencher la balance en faveur des rois de France. Remontant aux Capétiens, il affirmait non seulement l'indépendance politique des souverains face à Rome mais élargissait la juridiction des tribunaux civils au détriment des tribunaux ecclésiastiques. Dans sa *Déclaration des Quatre Articles* à l'Assemblée du clergé de 1682, Bossuet faisait l'amalgame entre politique – le souverain est indépendant du pape dans l'exercice du pouvoir temporel – et religion – les conciles généraux l'emportent sur le pape qui n'est pas infaillible. Le pouvoir civil du roi, nous dirons aujourd'hui de l'État, ne pouvait s'accroître qu'avec une réduction du pouvoir spirituel du pape. Cet équilibre ne pouvait se concevoir que dans une société où tous faisaient référence à la doctrine catholique romaine.

La Réforme attaque de front cette symbiose. Le libre arbitre donnait à chacun le droit de choisir son interprétation du christianisme, de rester dans le giron de l'Église catholique romaine ou de rejoindre les luthériens ou les calvinistes. Si le sujet est libre, il peut choisir sa religion, il ne reconnaît plus la suprématie absolue du souverain, suprématie qui comprenait une dimension religieuse. Si le souverain peut changer de religion, le pape se donne le droit de l'excommunier et de délier les sujets du devoir d'obéissance (ex. Pie V et Elizabeth I^re^). La religion n'est plus universelle mais exprime des caractéristiques de certaines populations par rapport à d'autres. Là où existaient déjà des tendances autonomistes, comme en Allemagne, la religion est devenue un moyen d'exprimer une identité séparée.

Chapitre II

# RELIGION, COMPOSANTE DE L'IDENTITÉ NATIONALE

Que la religion soit un facteur d'identité nationale semble un phénomène universel. Ce n'est pas un hasard si, dans le vocabulaire courant, la confusion est fréquente entre Arabe et musulman, Polonais et catholique, Israélien et juif, Thaï et bouddhiste... Dans des régions variées, des peuples dont les religions sont différentes, se définissent et sont définis par les autres comme étant tout autant les adeptes d'une religion spécifique que les membres d'un peuple.

La croyance en une transcendance, les rites communs à tous ceux qui partagent cette croyance, ont constitué, au cours de l'histoire, le ciment des sociétés. Les membres percevaient de la même manière la relation avec le surnaturel, ils suivaient la même religion, ils participaient à la même Église. Chaque strate de la hiérarchie depuis le souverain jusqu'au paysan avait en commun foi, religion et Église. La relation avec l'au-delà étant fondamentale dans la perception que les hommes avaient d'eux-mêmes, partager cette relation avec ses voisins ne pouvait que créer un sentiment d'appartenance collective. La religion offrait à la société une image d'elle-même. Malgré les progrès de la laïcité, ce rôle de la religion est loin d'avoir disparu. De nombreuses sociétés, qui se considèrent areligieuses, continuent néanmoins à voir dans la religion, même quand on n'y croit plus, une composante de l'identité nationale. C'est une actualisation de la formule de Durkheim sur « le sacré, corps social hypostasié ».

### I. — La religion, facteur d'intégration nationale

La confusion entre grec et grec orthodoxe est un bon exemple d'une religion qui a constitué un facteur d'intégration nationale, ce qui a donné une situation contemporaine peu conforme à l'idée que l'on se fait de la démocratie grecque. Sous domination ottomane pendant près de quatre siècles, de 1453 à 1821, les Grecs se sont réfugiés dans les bras de l'Église grecque orthodoxe, utilisant la religion pour exprimer leur appartenance nationale. Les liens entre l'État et l'Église sont tels qu'il est quelquefois difficile d'établir la ligne de démarcation entre les deux. C'est ainsi que le préambule des constitutions, y compris celle de 1975, comprend une formule religieuse orthodoxe : « Au nom de la Trinité sainte, homosubstantielle et indivisible », que la Constitution affirme que l'Église grecque orthodoxe est la principale religion de la Grèce, que jusqu'en 1975 seul un grec orthodoxe pouvait être élu Président de l'État, que le Parlement vote la charte de l'Église qui prévoit les institutions et le fonctionnement de l'Église, que les évêques, élus par l'Église, sont ensuite nommés par décret présidentiel, que le clergé grec orthodoxe est rémunéré par l'État, que l'ouverture du Parlement comprend une cérémonie religieuse. Les tribunaux n'échappent pas à cette consubstantialité. Des icônes sont présentes dans les tribunaux et, avec une exception prévue pour les athées et les adhérents d'autres confessions, le serment devant une cour grecque reprend la formule sur la Trinité. Quelques modifications récentes, présentées plus bas, n'empêchent pas que l'Église grecque orthodoxe *est* la Grèce.

La religion, facteur d'identité nationale, n'est pas un phénomène limité à l'Europe et au Bassin méditerranéen mais s'observe ailleurs dans le monde. Les deux plus grandes concentrations de population, la Chine et l'Inde, en fournissent un exemple. Ces deux pays ont vu un chassé-croisé historique entre le confucianisme, le bouddhisme et l'hindouisme. L'hindouisme, religion sans fondateur, a un corpus de textes dont les plus anciens remontent au XV^e^ siècle avant l'ère commune. Confucius, qui a vécu au VI^e^ siècle avant, intellectuel, haut fonctionnaire, imprégné de culture chinoise est devenu à son tour une source de cette culture. Bouddha, à la même époque, répandait son enseignement en Inde. Le confucianisme est devenu sous la dynastie des Han (II^e^ siècle avant - III^e^ siècle après) ce que l'on appellerait aujourd'hui la religion d'État. Les fonctionnaires devaient connaître sa doctrine. A la fin de cette période, le bouddhisme, d'origine indienne, s'est répandu en Chine au détriment du confucianisme puis a commencé à décliner au IX^e^ siècle pour assurer le retour du néo-confucianisme. Dans sa terre d'origine le bouddhisme a perdu de son influence aux VI^e^ et VII^e^ siècles au profit de l'hindouisme.

Ces mouvements qui portent sur des siècles ont créé une situation remarquable : malgré toutes les différences, ces religions sont considérées comme des éléments essentiels des identités hindoues (hindouisme et bouddhisme) et chinoise (bouddhisme et confucianisme). Les autres grandes religions nées sous d'autres cieux ont été et continuent d'être considérées comme des corps étrangers. Certaines ont disparu (judaïsme en Chine), d'autres constituent des minorités infimes (chrétiens en Inde et en Chine) ou importantes (musulmans dans les mêmes pays). Même après plusieurs siècles de présence, elles sont traitées comme des implants. C'est une preuve *a contrario* de la place de la religion dans l'identité nationale. Quiconque ne partage pas soit une religion, soit un certain type de religion, avec la majorité se trouve marginalisé non seulement en termes religieux mais également en termes politiques.

Ces réactions de la société peuvent être délibérément encouragées par les responsables politiques qui jouent la carte religieuse dans un but d'intégration nationale.

La Croisade contre les Albigeois (1209-1229) nous montre comment un conflit qui semble essentiellement religieux est largement politique. Cette croisade, prêchée par Innocent III au nom de la foi chrétienne visait à assurer la suprématie pontificale non seulement dans la sphère théologique mais également dans ses relations avec les souverains. Dans la pratique, elle a affirmé l'autorité des Capétiens face aux tendances autonomistes du midi de la France. Pour le pape, il s'agissait de détruire une hérésie, pour le souverain d'étendre le domaine royal et, par le biais de l'appartenance à une seule et même Église, d'intégrer le Sud au royaume de France. Les hérétiques sont de mauvais sujets.

L'utilisation de la religion comme facteur d'intégration nationale s'est reposée dans la France de la fin du XVI^e^ siècle et du XVII^e^ siècle. A la fin du XVI^e^ siècle, la France avait une population à quelque 20 % protestante, surtout calviniste, connue sous le nom de Huguenots. Vivant principalement dans le Sud, dans des régions qui voulaient maintenir leur autonomie par rapport à la Couronne, les Huguenots étaient tout à la fois politiquement autonomistes et religieusement différents. Après une longue guerre entre la France et l'Espagne, la France se trouvait dans une situation instable. Catherine de Médicis ne voulait pas d'un trop grand pouvoir protestant mais craignait qu'une victoire catholique ne profite à Philippe II d'Espagne. Pour maintenir un relatif équilibre, elle joua de l'opposition entre les catholiques du duc de Guise et les Huguenots d'Henri de Navarre. Les guerres de religion, entre 1562 et 1598, s'accompagnèrent de massacres, le plus connu étant celui de la Saint-Barthélemy (24 août 1572). Henri de Navarre eût la vie sauve grâce à sa conversion temporaire au catholicisme. Henri III s'allia à l'Espagne pour assurer la victoire du catholicisme, extirper les Huguenots de France, leur offrant en 1585 le choix entre la conversion et l'exil. Assassiné en 1589, son successeur n'était nul autre qu'Henri de Navarre, Henri IV, redevenu protestant. Comment accepter un souverain hérétique ? Henri IV se reconvertit au catholicisme ( « Paris vaut bien une messe » ) et fut couronné à Chartres en 1596. L'âpreté, sinon la sauvagerie des combats entre catholiques et protestants s'accompagnait ainsi d'un pouvoir politique pour lequel la religion était moins une question fondamentale de croyances qu'un instrument de gouverne. La majorité des Français est catholique ; le roi, sans grand état d'âme, affichera son catholicisme pour asseoir son autorité.

Pour garder les bonnes grâces des Huguenots, Henri IV promulgua l'édit de Nantes (1598) : les protestants obtenaient la liberté de religion, le droit de culte – à l'exception de Paris et de quelques deux cents villes mais y compris dans des localités où ils étaient minoritaires –, des droits civiques, le droit d'établir des synodes provinciaux et nationaux, le droit d'étudier dans les universités catholiques, etc. Les Huguenots pouvaient compter sur une centaine de places fortifiées, garantie que l'édit de Nantes serait respecté. A la mort d'Henri IV (1610) et après quelques années de désordres, une nouvelle poigne dirigea la France, celle de Richelieu. Son programme politique était clair : affirmer le pouvoir du roi de France en mettant au pas les Huguenots et les nobles. L'existence même des places fortifiées lui semblait un défi à l'autorité royale. Il les reprit mais ne s'attaqua pas à la liberté de culte. Richelieu, cardinal de l'Église catholique romaine, était plus intéressé par le pouvoir politique de la monarchie que par les croyances des sujets.

Richelieu, en politique intérieure, n'hésita pas à utiliser les grands moyens pour mâter les Huguenots (siège de La Rochelle en 1627-1628) mais, en politique extérieure, il se retrouva allié des protestants ! La guerre de Trente ans (1618-1648), commencée comme conflit entre catholiques et protestants d'Allemagne acquit rapidement une dimension internationale avec l'intervention de l'Espagne, du Danemark, de la Suède, des Pays-Bas et de la France. Que les belligérants s'entre-tuent au nom de Dieu n'empêchait pas le politique d'affirmer de plus en plus son autonomie. Les guerres de religion, contrairement à la perception courante, ne mettaient pas forcément aux prises catholiques romains d'un côté et luthériens ou calvinistes de l'autre mais des États qui n'hésitaient pas, lorsque leurs intérêts nationaux étaient en jeu, à faire des alliances avec les hérétiques. Par opposition à l'Espagne, pourtant catholique, Richelieu planifia une politique de rapprochement avec les souverains allemands, pourtant protestants. S'il était impossible de faire servir des soldats français sous les ordres d'un prince luthérien, Bernard de Saxe-Weimar, rien n'interdisait à la France de l'appuyer politiquement et économiquement. La fin de la guerre de Trente ans, conformément à la politique de Richelieu, assura la défaite de l'alliance catholique hispano-autrichienne et la victoire de la France et de ses alliés protestants. Cette victoire fut consacrée par le traité de Westphalie.

## II. — Le traité de Westphalie

Le traité de Westphalie (1648) qui met fin à la guerre de Trente ans, a jeté les bases de l'État moderne. Il sonne le glas du Saint Empire romain germanique, du super-État catholique. Trois cents territoires germaniques acquièrent leur indépendance, qu'ils soient catholiques ou protestants. Westphalie accorde au souverain le droit d'imposer la religion à ses sujets mais, en contrepartie, il doit accorder le droit à l'exil pour ceux qui refusent de se convertir. La philosophie sous-jacente à Westphalie est la valorisation de l'État-nation à population homogène, au moins religieusement homogène.

1648 est une date dans l'histoire des relations entre politique et religion. Il signale l'abandon du rêve du Royaume chrétien uni d'ici-bas, pendant terrestre du Royaume des Cieux. Il officialise la légitimité des États et des religions – catholicisme, luthérianisme, calvinisme – et donc de leur concurrence. Il encourage un minimum de tolérance religieuse, non seulement du fait que les massacres de la guerre de Trente ans avaient laissé l'Allemagne exsangue, mais par intérêt pour les États. En effet chacune des trois religions est majoritaire dans plusieurs États ; ces États peuvent donc servir de refuges pour les minorités religieuses et intervenir en faveur de leurs coreligionnaires maltraités en cas de besoin. Les guerres ne seront plus des guerres de religion mais des guerres entre États. A l'intérieur de chaque État la religion officielle offrira à la société une image d'elle-même (voir Durkheim plus haut). La religion commune et le sacre du souverain deviennent les symboles transcendants de la collectivité, chapeautée par l'État, par rapport aux individus. Le rôle de la religion comme facteur d'intégration nationale est confirmé.

Certains peuples et certaines religions qui n'ont pas la protection d'un État n'ont d'autres choix que d'accroître le rôle de la religion pour maintenir leurs identités. C'est le cas des Polonais, certes chrétiens, mais privés d'État pendant des générations et soumis à des États non catholiques, la Prusse protestante et la Russie orthodoxe. C'est le cas des Juifs, non chrétiens, sans État, donc en dehors du système westphalien.

### III. — **Religion et identité des peuples opprimés**

L'identité nationale polonaise se manifeste principalement dans le catholicisme. Lorsqu'au Xe siècle, des tribus slaves s'unifient pour former une principauté polonaise, elles accompagnent l'unification politique d'une entrée dans les rangs de l'Église catholique. Cette catholicité marquera et marque encore l'identité polonaise. Aux prises avec des ennemis à l'est, la Russie, et à l'ouest, la Prusse, l'Ordre teutonique, l'Allemagne, la Pologne ne cessera d'invoquer sa religion. Alors que la Réforme fait des progrès dans l'Europe du Nord et de l'Est, la Pologne demeure le seul pays à rester dans le giron de Rome.

Les partages de la Pologne, en 1772, 1793 et 1795, sa disparition de la carte politique jusqu'après la Première Guerre mondiale, les politiques brutales des occupants poussent les Polonais à se replier sur eux-mêmes et sur leur religion. L'importance du facteur religieux ne saurait être surestimée. Aujourd'hui encore, lorsque des Polonais sont interrogés sur l'Holocauste, ils font une nette distinction entre les Polonais et les Juifs, même si ces derniers habitaient en Pologne depuis des siècles. Pendant la période où la Pologne était satellite de l'URSS, le cardinal Wyszinski incarcéré pendant trois ans par le régime communiste puis réfugié à l'ambassade des États-Unis, a incarné la défiance du peuple polonais. Le mouvement d'opposition au communisme et à la tutelle de Moscou a été mené par l'Église catholique et ses multiples associations (clubs d'intellectuels catholiques, revue Wiez, etc.). L'élection du cardinal Wojtyla, de Cracovie, à la papauté, le 16 octobre 1978, immédiatement suivi d'une visite en Pologne en juin 1979 a donné un retentissement mondial à l'attachement de la population polonaise au catholicisme malgré le discours officiel athée. Dans les années 1980, le syndicat *Solidarité* qui allait jouer un rôle majeur dans la perte de pouvoir du Parti communiste projetait délibérément une image catholique. Que l'on se souvienne de son leader, Lech Walesa, communiant devant des milliers de grévistes des chantiers navals de Gdansk, image impensable dans les autres pays catholiques. C'est qu'aller à la messe, communier étaient certes des gestes religieux mais constituaient également des expressions d'opposition à l'Union soviétique et au gouvernement polonais communiste qui lui était inféodé. Le rôle de l'Église catholique semble inversement proportionnel au niveau de liberté dont jouissent les Polonais. L'Église, rempart de l'identité nationale, peut devenir un irritant, être reléguée au rang de groupe d'intérêt, lorsque la Pologne est libre. Le même Walesa, qui manifestait le plus grand respect pour l'Église et son clergé, n'a pas hésité, après qu'il soit devenu Président de l'État, à passer outre aux exigences de l'Église qui voulait bloquer une loi sur l'avortement. Entourée d'orthodoxes et de protestants, subjuguée par des athées, la Pologne a utilisé le catholicisme et la martyrologie qui s'y rattache pour continuer à maintenir son existence nationale, même aux heures les plus désespérées. Que le premier pape non italien soit originaire de Pologne est perçu comme un symbole de la symbiose entre appartenance nationale et appartenance religieuse.

La religion a joué un rôle tel dans la vie juive durant l'Exil qu'elle est devenue synonyme de peuple, juif signifiant à la fois membre du peuple juif et adepte du judaïsme. On en arrive quelquefois à oublier que, même à l'époque biblique, le judaïsme jouait déjà un rôle primordial dans l'identité du peuple juif. Antiochus Épiphane en a fait l'expérience. Tant que ce souverain gréco-syrien imposait un protectorat à la Judée, la population laissait faire. C'est lorsqu'il a décidé d'interdire la religion juive que la révolte des Maccabées (167 avant) a éclaté. Pour Yehezquel Kaufman, auteur d'une histoire du peuple juif depuis l'Antiquité jusqu'à l'époque moderne (*Golah Venekar. Exil et terre étrangère*, 1930, Tel-Aviv, Dvir), la religion n'est pas seulement un facteur mais le facteur expliquant la continuité juive. Le texte des prières en fournit une preuve. Elles ne cessent de rappeler l'Exil et son corollaire, l'attente du Retour, elles rappellent les sacrifices au Temple de Jérusalem et expriment l'espoir de la reconstruction du Temple. Le cycle annuel des rites suit le temps d'Israël et non pas celui des pays de l'Exil. Ainsi les prières pour la pluie, à Soukkot, et la rosée, à Pâque, récitées dans les synagogues à travers le monde correspondent au rythme agricole de la Terre d'Israël. Les deux moments les plus importants du calendrier juif, la fin de Kippour et celle de la soirée pascale, se terminent par « L'an prochain à Jérusalem », expression utilisée depuis le premier Exil jusqu'au procès de Charansky avant qu'il ne soit envoyé au goulag. C'est sur ce terreau que le sionisme politique moderne a planté ses racines.

La multiplicité des coutumes, les distinctions entre Juifs ashkenaz et sepharad, entre *Hassidim* et opposants au hassidisme plus tard, entre anciens et modernes, le développement d'autres langues que l'hébreu comme le ladino, le yiddish, le judéo-arabe, tout cela n'a pas constitué un obstacle au maintien d'un sentiment national. C'est seulement à l'époque moderne qu'apparaissent des tentatives de peuple juif sans religion et de judaïsme sans peuple.

Peuple juif sans judaïsme, c'est le bundisme, mouvance socialiste juive d'Europe centrale et orientale, disparu dans l'Holocauste puis le goulag. Il en reste essentiellement une nostalgie pour le monde des communautés juives dont il était issu et pour le yiddish. Les multiples tentatives de refaire vivre le yiddish ne doivent pas cacher le fait que les seuls enfants dont c'est la langue maternelle de nos jours vivent dans des familles orthodoxes, très souvent hassidiques. Judaïsme sans peuple, c'est le judaïsme réformé jusqu'à tout récemment. Rejetant la notion de peuple juif, d'Exil donc de Retour, de reconstruction du Temple de Jérusalem, les Réformés ont créé une religion détachée de tout sentiment d'appartenance à un peuple. La pression des circonstances a forcé la Réforme juive à accorder une importance croissante à Israël et, *ipso facto,* à la notion de peuple juif.

Historiquement aucun des groupes juifs qui se sont détachés de la religion juive n'a pu maintenir une existence particulière. La seule exception concerne les Karaïtes. Ce groupe, apparu au VIIIe siècle, suit à la lettre le texte de l'Écriture et, en opposition au judaïsme, rejette l'autorité du Talmud. Les Karaïtes ont vécu successivement en Babylonie, en Turquie, en Crimée et en Lituanie et, aujourd'hui, résident pour la plupart en Israël. Leurs relations avec les Juifs ont oscillé entre l'opposition réciproque et une relative bonne entente. Les Karaïtes se considèrent comme Juifs à part entière et sont considérés comme des Juifs « quand même ». En Israël ils ne forment pas une Église séparée reconnue par l'État, selon le principe du millet (voir plus bas), mais un groupe juif possédant son propre tribunal religieux reconnu par l'État.

Ils doivent leur survie – ils ne sont que quelques milliers – à leur identité religieuse, séparée mais proche du judaïsme. Les autres groupes qui se sont détachés du judaïsme et ont choisi d'autres religions se sont fondus dans les structures d'accueil et ont disparu en tant que groupes spécifiques.

La laïcité ne semble pas avoir changé fondamentalement le rôle du judaïsme dans la survie du peuple juif. Les analyses, menées surtout aux États-Unis, indiquent un fort taux de corrélation entre judaïsme et identité juive. Les groupes juifs séculaires ou humanistes sont aux prises avec un problème apparemment insoluble : comment maintenir une identité juive sans un minimum de judaïsme.

Si la religion a joué un rôle essentiel pour l'identité des Polonais et des Juifs, elle a également marqué l'identité des Irlandais. La christianisation de l'Irlande remonte au VIII^e siècle avec Patrick. Les Irlandais ont refusé de suivre Henri VIII et d'abandonner le catholicisme pour l'Église anglicane. La série de guerres qui a suivi s'est soldée par une victoire anglaise. L'indépendance de l'Irlande (6 décembre 1921) n'a pas réglé le contentieux entre Irlandais et Britanniques, entre catholiques et protestants, l'Irlande du Nord, l'Ulster continuant à faire partie du Royaume-Uni. Les violences ont repris en 1969 et pourraient s'arrêter après l'entente du printemps 1998 entre Londres, Dublin et le Sinn Fein représentant l'Irish Republican Army. Que les Irlandais se définissent comme catholiques et les loyalistes comme protestants ne signifie pas que le conflit est une guerre de religion. Il est vraisemblable que sans l'attachement à l'Église catholique, l'Irlande se serait plus facilement intégrée au Royaume-Uni, comme l'Écosse ou le pays de Galles. Le nationalisme irlandais moderne n'est pas né de l'Église catholique. Il invoquait une Irlande mythique, précatholique ; elle s'accommodait d'un système qui lui accordait des privilèges. L'IRA contemporaine, et encore plus sa branche dure les *provos*, utilise un discours plus proche du marxisme que du catholicisme. Par contre, les manifestations de nationalisme, qu'il s'agisse du soulèvement de Pâques 1916 ou du terrorisme de l'IRA, ont réussi à projeter une image catholique et à ainsi obtenir le soutien de l'Église. Les stratégies utilisées, les symboles, en particulier la grève de la faim, rappellent l'idée chrétienne du salut par le sacrifice. L'Église qui, au début, se méfiait des aspects séculiers du nationalisme, a constaté son succès, apprécié qu'il fasse appel aux émotions religieuses et à la martyrologie et finit par l'accompagner dans sa démarche. L'Église, symbole de l'identité irlandaise, a rejoint le nationalisme politique.

Même le bouddhisme participe au phénomène d'intégration nationale. Cela peut paraître étonnant pour une religion qui privilégie la spiritualité de l'homme et s'intéresse peu aux problèmes de la société. Dans plusieurs États de l'Asie du Sud-Est (Birmanie, Cambodge, Sri Lanka, Thaïlande), le bouddhisme est considéré comme faisant partie du patrimoine national[1]. Cette « nationalisation » du bouddhisme s'explique par l'histoire où, comme ailleurs, les guerres n'ont pas manqué. Laisser faire, ne pas répondre aux attaques au nom du détachement des choses de ce monde, ne pouvait conduire qu'à des défaites. Les sociétés bouddhiques attaquées ont donc eu recours à la force pour se défendre, défense de la patrie et défense de la religion se confondant. Cela a permis d'affirmer que « le bouddhisme apparaît chargé de nationalisme »[2]. A l'instar d'autres reli-

1. Pour le rôle politique du bouddhisme, voir Môhan Wijayarutna, Le bouddhisme dans les pays du Thiravada, *in* Jean Delumeau, *Le fait religieux*, Paris, Fayard, 1993, p. 463-499.
2. *Ibid.*, p. 493.

gions, le bouddhisme a joué le rôle de point de ralliement pour défendre la nation contre l'ennemi dans le passé et est un symbole de fierté nationale dans le présent. La plus récente manifestation publique du bouddhisme a vu 40 000 personnes défiler dans les rues de Hong-Kong le 2 juillet 1997.

Le bouddhisme que l'on s'imagine pacifique, encore plus quand le pays n'est pas menacé, n'a pu empêcher des manifestations de violence. Le Cambodge bouddhiste a produit les Khmer Rouges, la junte militaire au pouvoir à Rangoon se réclame du bouddhisme, dans les années 1980 des moines bouddhistes ont rejoint les rangs des nationalistes sinhalais alors qu'ils massacraient des milliers de personnes.

Polonais, Juifs, Irlandais, Sri-Lankais partagent, dans des conditions bien sûr différentes les unes des autres, une expérience commune : en période de difficulté, d'oppression, la religion, son lien avec la transcendance et l'éternité, fournit un message d'espoir. La politique peut nous écraser actuellement, la religion nous procurera le salut dans le futur. En attendant le grand jour, restons fidèles à nous-mêmes en restant fidèles à notre religion.

## IV. — **Fédéralisme et identités**

Certains États, conscients de l'impossibilité de maintenir un minimum de consensus à l'intérieur de frontières où vivent des groupes aux identités ethniques et religieuses différentes, ont opté pour une politique diamétralement opposée aux principes de Westphalie. Plutôt que de tenter une adéquation entre peuple et religion, entre frontières étatiques et frontières religieuses, provoquant ainsi le morcellement des États, ils ont préféré accorder une certaine autonomie à leurs minorités en privilégiant la dimension religieuse.

Le modèle du genre, encore en vigueur dans des pays du Proche-Orient, est le système du *millet* de l'Empire ottoman. L'idéal, aux yeux de ses dirigeants, aurait été que tous les sujets se convertissent à l'islam. Ils furent suffisamment perspicaces pour savoir qu'une politique de conversion forcée aurait non seulement entraîné des soulèvements mais également des interventions des États chrétiens de l'Europe. Ils optèrent pour la paix civile plutôt que la guerre religieuse. Le *millet* mettait en place un système où tout peuple reconnu comme groupe ethno-religieux par la Sublime Porte obtiendrait une large autonomie, surtout dans tout ce qui touche le statut personnel, mais qu'en contrepartie ces groupes feraient allégeance à Istambul et lui paieraient des impôts. Le leader de l'Église nationale était investi du rôle de leader politique du peuple minoritaire et était traité par l'Empire avec les honneurs dus à son rang. Tolérer et respecter une sinon la dimension essentielle des identités minoritaires a contribué au maintien pendant des siècles d'un calme relatif malgré les tensions nationales et religieuses.

La relation entre identité nationale et religion, plus précisément Église, est une des caractéristiques de l'Église orthodoxe. La rupture entre Rome et Constantinople en 1504 avait été provoquée par deux oppositions irréconciliables. La première, théologique, portait sur la nature du Saint-Esprit. Procède-t-il uniquement du Père – version orthodoxe – ou du Père et du Fils – version catholique ? La seconde, politique, mettait aux prises Rome qui voulait imposer sa primauté sur les chrétiens d'Orient et Constantinople qui voulait conserver son indépendance. Aux quatre anciens patriarcats (Constantinople, Antioche, Alexandrie et Jérusalem) s'est ajouté un nombre croissant d'Églises autocéphales, à toutes fins pratiques indépendantes, et d'Églises autonomes (l'élection de leur primat respectif devant être confirmée par une des Églises autocéphales). La liste des principales Églises autocéphales se lit comme un atlas des pays occupés par l'Empire ottoman ou aux frontières de cet Empire : Russie, Géorgie, Grèce, Roumanie, Serbie, Albanie, Chypre sans oublier Tchécoslovaquie et Pologne. Chacune de ces Églises, avec ses particularismes, appartient au christianisme orthodoxe mais se répartit les croyants sur une base nationale. Cette répartition est en flux permanent. La Grèce a son propre primat depuis 1833, douze ans après son indépendance, la Géorgie a retrouvé son statut distinct en 1917. Les derniers changements concernent l'orthodoxie nord-américaine. L'immigration massive d'orthodoxes à la fin du XIX^e et au début du XX^e siècle a conduit à la création du Diocèse d'Amérique du Nord qui comprenait tous les orthodoxes, indépendamment de leurs pays d'origine. La révolution d'Octobre a remis en cause ce système en libérant des forces centripètes. Les non-Russes, encouragés par leurs Églises, ont exigé leur autonomie et établi des diocèses séparés. Après des années de tensions, la situation de fait a été reconnue *de jure*. Les Albanais, les Bulgares et les Roumains ont leurs propres Églises. Le Diocèse d'Amérique du Nord, limité aux seuls Russes, a obtenu, le 12 avril 1970, son indépendance du synode de l'Église russe. L'Amérique orthodoxe n'est plus une colonie religieuse de l'Europe.

Le *millet* tolérait et respectait l'identité religieuse des peuples de l'Empire ottoman. Un autre système est fréquemment utilisé pour assurer les droits, entre autres religieux, des peuples : le fédéralisme. Le système fédéral avec ses deux paliers de gouvernement, un général et un régional (province, canton, etc.), aucun ne pouvant empiéter sur la juridiction de l'autre, accorde l'autonomie à ses composantes politiques. C'est une réponse à la non-homogénéité de sociétés que divisent des questions nationales, ethniques, religieuses, linguistiques, etc. En ce qui concerne l'identité nationale et religieuse des peuples, le fédéralisme leur offre l'autonomie comme principe de base du système politique.

Les exemples ne manquent pas. Le fédéralisme canadien a eu comme objectif de réconcilier deux groupes, les Canadiens anglais et les Canadiens français, et d'en faire les « peuples fondateurs » du nouvel État. Les distinctions reconnues par le système politique comprennent la langue – français ou anglais –, le droit – common law ou code civil – et la religion – catholicisme ou protestantisme. Un changement au statut confessionnel des écoles publiques catholiques et protestantes au Québec a nécessité un amendement à la constitution (1998). En Suisse, les cantons sont généralement perçus comme représentant des langues (allemand, français, italien, romanche), mais c'est sans compter avec les identités religieuses. Déjà au XVI^e^ siècle, les cantons ont suivi des allégeances religieuses, sept catholiques, quatre protestants et deux mixtes. Au XIX^e^ siècle, c'est sur une base confessionnelle que la ligue des sept cantons catholiques, le *Sonderbund*, a combattu les autres cantons jugés trop modernes et laïcs. Après la guerre civile entre le Nigeria et le Biafra (1967-1970), le fédéralisme nigérien tente de faire vivre ensemble une majorité musulmane et une minorité chrétienne.

Le fédéralisme, s'il accorde une autonomie religieuse aux minorités, ne le fait qu'envers les minorités nationales et religieuses vivant dans la société depuis des générations sinon des siècles mais ne s'applique pas aux minorités plus récentes, qu'elles soient issues de l'immigration ou aux origines plus lointaines mais postérieures à la mise en place du système fédéral. A titre d'exemple, nous citerons un jugement récent de la Cour suprême du Canada (1998) qui a tranché que la province d'Ontario devait subventionner les écoles catholiques, au nom des droits religieux catholiques et protestants expressément prévus dans la Constitution, mais n'avait pas une telle obligation à l'égard des autres religions. La protection que le fédéralisme peut apporter aux minorités religieuses anciennes ne s'étend pas forcément aux minorités nouvelles.

La République socialiste fédérative de Yougoslavie, avec ses six Républiques et ses deux régions autonomes, assurait une certaine autonomie à ses composantes mais cette autonomie était limitée par le pouvoir du Parti communiste et le rôle de Tito. Chacun des peuples se définissait largement par son appartenance religieuse (Serbes orthodoxes, Croates catholiques, Bosniaques musulmans) et, plus lourd de conséquences, chacun était réparti entre une République où il était majoritaire et d'autres où il constituait des minorités. L'indépendance des anciens États fédérés, sans que la question des minorités n'ait été abordée, a démontré qu'un système fédéral, même autoritaro-paternaliste, réussit mieux à calmer les tensions qu'un système combinant États indépendants et minorités contestataires. La boucherie dans l'ancienne Yougoslavie n'est pas une guerre de religions mais la religion y est utilisée pour renforcer le sentiment d'identité nationale et justifier l'intervention d'États étrangers. La Croatie catholique a été reconnue (précipitamment ? ) par l'Allemagne avant d'avoir garanti le respect de ses minorités, la Serbie orthodoxe espère et obtient plus ou moins la protection de la Russie, la Bosnie à l'islam modéré reçoit armes et combattants d'États non seulement islamiques mais islamistes.

La religion jouant un rôle moindre que dans le passé, ne devrait-elle logiquement ne plus constituer qu'une infime partie de l'identité nationale ? Rien n'est moins sûr. En période de crises majeures, particulièrement de guerres, les sociétés s'expriment souvent par des symboles religieux. La France a célébré la Libération par un *Te Deum* à Notre-Dame-de-Paris. Israël a émis, après la guerre de Kippour, un timbre montrant un soldat couvert d'un *talit*, un châle de prière. Les dictateurs, à commencer par les non ou les antireligieux, jouent la carte de la religion pour faire l'union sacrée face à l'ennemi. Lorsque l'armée allemande était aux portes de Moscou, Staline, dans son discours à la nation, n'a pas fait appel à la défense du communisme mais à celle de la Russie éternelle, utilisant des expressions venues de l'Église russe orthodoxe. Saddam Hussein, dans ses discours durant la guerre avec l'Iran, la guerre du Golfe et depuis, ne manque pas d'invoquer Allah. Que ce soit pour forcer la main de la population – comment rejeter la religion, symbole de la nation, sans risquer de passer pour un traître – ou pour exprimer la fierté nationale – Dieu existe et protège la France, la victoire au Mondial 1998 l'atteste – le rôle de la religion dans l'identité nationale n'a pas disparu. Cela entraîne-t-il une intervention régulière dans les politiques nationales ?

Chapitre III

# POLITIQUE ET RELIGION : PARTIS ET GROUPES DE PRESSION RELIGIEUX

Les approches classiques de la science politique face au phénomène religieux et à sa manifestation sous la forme de partis religieux s'inspirent d'une philosophie d'autant plus contraignante qu'elle est inconsciente. L'idéal de la vie politique est la démocratie. La démocratie ne peut fonctionner que si les diverses idéologies et les intérêts concurrents sont regroupés sous la bannière de partis politiques. Ces partis deviennent un moyen de promotion de la modernité dans les sociétés. Trois politistes, qui se sont penchés sur l'existence des partis religieux, ont utilisé des perspectives différentes mais se rejoignent.

## I. — Science politique et partis religieux

Pour Maurice Duverger, les partis religieux sont des « petits partis d'origine extérieure ». Par origine extérieure, il entend que ces partis ne sont pas d'origine électorale et parlementaire mais créés par des organismes préexistant : les Églises. Cette filiation entraîne des caractéristiques spécifiques. L'Église existant avant le parti, elle le façonne à son image, lui impose un système centralisé qui permet à l'Église de garder le contrôle du parti. Cohérence, discipline, influence moindre des élus, intérêt relatif pour les résultats électoraux (un comble pour un parti politique !), tout est prévu pour empêcher l'autonomie et encore plus l'indépendance du parti par rapport à l'Église. Le rôle du parti religieux est de représenter l'Église dans l'arène politique.

Petits partis, cela signifie qu'ils sont les porte-parole de minorités politiques, de « familles spirituelles assez bien déterminées, très minoritaires, relativement stables et irréductibles aux grandes tendances qui divisent le pays »[1], bref les Astérix de la vie politique. La vision est claire : les partis religieux sont les courroies de transmission des religions, religions survivant en marge de la modernité.

Rokkan, lui, situe les partis religieux dans le processus de développement. Le développement suppose un abandon ou, à tout le moins, une mise à l'écart de la religion. Pour lutter contre la modernisation, les groupes religieux entrent dans l'arène politique où ils mènent un combat d'arrière-garde. Reliquat du passé, les partis religieux sont des « partis de défense religieuse »[2], luttant contre les valeurs nouvelles jugées *a priori* suspectes.

Lijphart est le seul à ne pas prendre un ton commisérateur à l'égard des partis religieux. Comme le titre de son ouvrage l'indique[3], l'objectif est de permettre à tous les groupes de la société, même ceux qui veulent y vivre séparés des autres, d'être respectés par la majorité. Au lieu d'utiliser son pouvoir démocratique légitime pour légiférer, malgré l'opposition de petites minorités, la majorité devrait choisir, délibérément, de laisser les minorités religieuses et leurs partis vivre comme elles l'entendent.

1. M. Duverger, *Les partis politiques*, Paris, A. Colin, 1967, p. 325.

2. Stein Rokkan (ed.), *Citizens, Elections, Parties, Approaches to the Comparative Study of the Processes of Development*, New York et Oslo, David McKay et Universitetsforlaget, 1970, p. 103-125.

3. A. Lijphart, *The Politics of Accomodation : Pluralism and Democracy in the Netherlands*, Berkeley, University of California Press, 1958.

Duverger considère les partis religieux comme des marginaux, des dinosaures de la vie politique. Rokkan constate qu'ils représentent le passé et sont contre le développement. Lijphart les perçoit également comme des représentants du passé mais recommandent qu'on les respecte au nom de l'harmonie sociétale. Les trois n'ont retenu que les sociétés occidentales ; les trois insistent sur la crispation passéiste des partis religieux, sur leur rejet du monde moderne, sur le frein qu'ils constituent sur la voie royale de la modernité. Les trois rappellent la petite taille des partis religieux. Faut-il comprendre que lorsque des partis démocrates-chrétiens forment des gouvernements ils ne sont plus des partis religieux ? Au pire, les trois ridiculisent les partis religieux, au mieux ils les tolèrent mais n'envisagent pas, qu'en dehors de leur protection d'un petit groupe, ils aient un rôle légitime à jouer dans la politique moderne.

Apter offre une approche plus ouverte. Son intérêt s'est porté non pas sur les partis religieux mais sur le rôle de la religion dans les sociétés en cours de modernisation[1]. Le processus de modernisation peut emprunter deux voies. La première, guidée par un idéal d'équité, insiste sur le principe de légitimité démocratique. Elle débouche sur un régime politique constitutionnel avec un système d'autorité pyramidale consentie. La seconde voie, guidée par un idéal de potentialité, insiste sur le principe de légitimité communautaire. Elle débouche sur un régime politique à contrôle central avec un système d'autorité hiérarchique imposée. Ces deux approches donnent naissance à deux modèles de société, un séculier libéral et une société sacrée. Dans le modèle séculier

1. David E. Apter, *Pour l'État, contre l'État*, Paris, Economica, 1988, p. 53-67.

libéral fonctionne le marché, marché des idées, des opinions, des choix politiques. La diversité assure la liberté. Dans le modèle sacré fonctionne la collectivité qui englobe la potentialité des individus. Ils ne peuvent s'épanouir qu'à l'intérieur d'un système collectiviste, l'unité du peuple en constituant le garant. Une société séculière libérale considère la religion comme un des multiples éléments de la vie publique. Une société sacrée, peu importe que le sacré soit religieux au sens courant ou idéologique, suppose qu'un principe absolu, qui ne saurait souffrir de concurrence, s'impose à tous. La religion y devient soit le principe intégrateur soit l'ennemi à abattre pour qu'un autre principe intégrateur l'emporte. Apter nous permet de suggérer que, dans les sociétés démocratiques, les partis religieux sont tout aussi légitimes que les autres partis et que, dans les sociétés non démocratiques, ils jouent le rôle de parti unique ou sont dans l'illégalité.

La science politique contemporaine a tendance à faire une distinction entre deux types d'États, les démocraties libérales industrielles ou postindustrielles et les États non démocratiques, sous-développés ou en cours d'industrialisation. Elle ne s'attarde guère ou traite comme une aberration les régimes autoritaires ou totalitaires des sociétés industrialisées comme le nazisme, le fascisme ou le franquisme. Lorsque le rôle de la religion est pris en considération, à la triade démocratie – modernité – partis politiques classiques, c'est-à-dire séculiers, s'oppose la triade autocratie – passé – partis religieux. Si cette vision est exacte, non seulement dans les sociétés chrétiennes mais de façon universelle, nous ne devrions rencontrer que des partis religieux petits, dominés par des Églises, accrochés au passé, refusant la modernité, en perte de vitesse. La réalité est quelque peu différente.

## II. — Les partis religieux

Les partis religieux sont présents dans de nombreux pays et représentent des religions diverses. Qu'ils soient inconnus dans des démocraties comme les États-Unis, la Grande-Bretagne ou le Canada, oubliés en France ne les empêchent pas d'être actifs dans des pays européens comme l'Allemagne, l'Italie, la Belgique, les Pays-Bas et des pays latino-américains comme le Chili, le Venezuela, le Costa Rica. Ils ne sont pas seulement chrétiens (catholiques ou protestants) mais également juifs, musulmans, hindouistes, bouddhistes.

L'expression parti politique chrétien couvre deux réalités très différentes. L'une cherche à influencer la vie politique des États en participant de plain-pied aux élections. L'objectif est clair : former le gouvernement ou, tout au moins, participer à des gouvernements de coalition. L'autre réalité est celle de petits groupes qui cherchent à témoigner d'une vérité absolue, ne se font guère d'illusion sur leur chance de participer au gouvernement et, si l'occasion leur en était donnée, la repousserait pour garder leur pureté idéologique.

Les partis chrétiens de gouvernement sont souvent appelés *démocrates-chrétiens*. Devant la montée de la laïcisation, la formation et l'expansion des partis socialistes et communistes, l'Église catholique a, dans un premier temps, répondu par une politique d'opposition à toutes les nouveautés. Son soutien à la monarchie contre la république en France, aux partis aristocratiques et élitistes la mettait sur la défensive. A la fin du XIX$^{e}$ siècle, elle a décidé de changer de ton et s'est lancée dans une campagne de promotion des valeurs chrétiennes à l'intérieur du cadre des États modernes. L'encyclique *Immortale Dei* de 1885 s'exprimait sur la constitution chrétienne des États, divisant les tâches entre l'État, puissance civile, et l'Église, puissance religieuse. Six ans plus tard l'encyclique *Rerum Novarum* encourageait l'Église à s'engager dans le sociopolitique, reconnaissait le rôle économique de l'État et offrait le corporatisme comme remède aux divisions sociales. Commence alors une période d'effervescence où toutes sortes d'individus et de groupes essayent de concilier leurs croyances religieuses et leurs engagements politiques.

Jules Lemire (1853-1928), abbé, devînt député du Nord de 1893 à 1928. Marc Sangnier (1873-1950), créateur du *Sillon*, mouvement combinant catholicisme, républicanisme et personnalisme, voulait faire descendre le Christ dans la rue, établir de bonnes relations avec les laïcs et les non-religieux tout en défendant la légitimité de l'Église catholique, ne pas couper les ponts avec la République après le vote de séparation de l'État et de l'Église en 1905. Ce mouvement sentait le soufre à une époque où l'Église appuyait la monarchie et la soumission à l'autorité et ses relations avec le Vatican furent mouvementées. Reçu par Léon XIII puis Pie X, Sangnier fut désavoué par Pie X en 1910, reconnu par Benoît XV en 1916. Malgré tout Sangnier lança le Parti démocrate populaire après la Première Guerre mondiale puis fut un des fondateurs du Mouvement républicain populaire, MRP, après la Seconde. Des groupes similaires, quelquefois soutenus par l'Église, d'autres fois en butte à ses critiques, ont fini par former des partis politiques comparables aux autres partis. Loin d'être des partis imposés par l'Église, minuscules, frileux devant le monde moderne, ces partis s'inspiraient d'un modèle social chrétien sans être les esclaves de l'Église, étaient souvent des partis de masse, cherchaient à gagner les élections et à participer au développement de la société. Leur christianisme comprenait démocratie et politiques sociales, ce qui les distinguait de la droite réactionnaire, ainsi que respect des traditions et d'un cadre de vie inspiré par la religion, ce qui les distinguait de la gauche laïque.

Un cheminement comparable a donné naissance à un des partis qui a joué un rôle majeur dans l'Italie d'après-guerre, le Parti démocrate-chrétien. Luigi Sturzo (1871-1959), prêtre, dirigeant de l'Action catholique, avait créé en 1919 un parti catholique, le Parti populaire italien. Ce parti fut dissout sous Mussolini. Il réapparut, sous la houlette d'Alcide de Gasperi (1881-1954), après la Seconde Guerre mondiale, et prit le nom de Parti démocrate-chrétien. De Gasperi fut Premier ministre de 1945 à 1953. A nouveau, on est loin du petit parti de défense religieuse.

C'est aux lendemains de la Seconde Guerre mondiale que les partis démocrates-chrétiens apparaissent en force sur l'échiquier politique européen. Les compromis du Vatican avec le nazisme, l'implication ou le silence de la majorité de la droite, affichant souvent son christianisme, avec les régimes nazi et fasciste et leurs satellites, la concurrence des partis socialistes et communistes, la peur de Staline, tout cela a contribué à rassembler des citoyens qui se réclamaient à la fois du christianisme, en insistant sur son aspect social, et de la démocratie, en insistant sur son aspect pluraliste.

Dans la mouvance de la démocratie chrétienne, nous trouvons la Démocratie chrétienne d'Italie, le Parti social chrétien de Belgique, le Parti chrétien social devenu Parti démocrate-chrétien en 1970 de Suisse, l'Union démocrate-chrétienne, la CDU-CSU d'Allemagne, le Parti populaire autrichien, le Mouvement républicain populaire de France... Tous ces partis ont participé, à des titres divers et avec des résultats différents, aux gouvernements d'après-guerre en Europe occidentale. L'étiquette de chrétien ne doit pas cacher que, à l'exception de la CDU, la quasi-totalité des élus, des membres et des électeurs sont catholiques.

Les partis démocrates-chrétiens d'Europe, ne voulant pas être perçus comme aux ordres du Vatican, comme les partis communistes étaient perçus comme aux ordres de Moscou, ont hésité à former une Internationale démocrate chrétienne. Ils ont établi rapidement des contacts bilatéraux, en particulier entre MRP et CDU dès 1947, contacts entre les ennemis d'hier qui ont contribué à lancer l'idée d'unité européenne. En Suisse, s'est créée en 1947 une organisation *Nouvelles équipes internationales*, regroupant des partis démocrates-chrétiens (le MRP attendra 1964 pour les rejoindre) et des sympathisants des pays sans parti démocrate-chrétien. Avec la construction de l'Europe et la création du Parlement européen de Strasbourg, les partis démocrates-chrétiens décidèrent de constituer un groupe parlementaire.

La majorité des partis démocrates-chrétiens d'Europe ont joué et continuent de jouer un rôle important dans leurs pays respectifs. L'exception notable est la France où le Mouvement républicain populaire, MRP, après des débuts prometteurs, a rencontré des difficultés croissantes pour finalement se saborder au début des années 1960. Avec sa tradition de laïcité, sa méfiance à l'égard des Églises et son anticléricalisme, la France était peu propice à une politique chrétienne. Conscient de cet état de fait, le MRP avait choisi le terme mouvement plutôt que parti pour ne pas effrayer l'opinion. En même temps, mouvement rappelait que pour nombre de catholiques, la politique était plus un mal nécessaire qu'une activité légitime. Il se présentait comme un mouvement pour lequel « l'essentiel est de promouvoir certaines valeurs spirituelles et morales dans la vie politique, ce qui donne à l'action éducative une place aussi importante qu'aux combats électoraux »[1]. La promotion de

1. Duverger, *op. cit.*, p. 14-15.

valeurs, objectif louable, risquait de déboucher sur un discours préchi-précha et une hésitation permanente entre politique avec ses avatars et pureté idéologique. La percée du MRP dans l'immédiate après-guerre s'explique entre autres par la nécessité pour la droite traditionnelle, dont l'attitude sous l'occupation avait été peu glorieuse, de se refaire une virginité. Quoi de mieux que des militants de l'Action catholique se réclamant de la Résistance pour porter le flambeau des valeurs traditionnelles face à une gauche dynamique ?

Rapidement la droite, soit au nom de l'homme providentiel – les gaullistes du Rassemblement du Peuple français et son successeur l'Union pour la Nouvelle République –, soit au nom du marché sans excès de conscience sociale – le Centre national des indépendants – a grignoté les positions du MRP qui, après la naissance de la Ve République, a baissé les bras et s'est suicidé. Sous la IVe République, le MRP a tenu une position résolument républicaine, démocrate, parlementaire, européenne, a été en faveur de politiques sociales et familiales dans la tradition du christianisme social, a appuyé une politique coloniale (Indochine, Afrique du Nord) vouée à l'échec. Ayant délibérément choisi de ne pas s'appeler chrétien, le MRP n'a pu empêcher les autres partis de la droite de se présenter, eux aussi, comme des porte-parole discrets des valeurs chrétiennes. Que l'on se rappelle l'image catholique projetée par le général de Gaulle et, encore plus, par sa femme. Le MRP, contrairement aux autres partis démocrates-chrétiens, n'a pas obtenu le soutien de l'épiscopat et du clergé, encore qu'il n'est pas sûr que dans une France laïque un engagement politique de l'Église n'aurait pas été contre-productif.

La question de l'école libre a montré les forces et les faiblesses du MRP. Depuis la IIIe république, les Français étaient divisés entre les partisans de l'école laïque, et faut-il préciser anticléricale, et les partisans de l'école libre, c'est-à-dire catholique. Déjà à la Libération, le MRP avait essayé de faire reconnaître le droit à l'éducation publique religieuse. La loi Barangé de 1951 accordait une aide limitée aux écoles catholiques. A l'instigation de la droite et surtout du RPF, cette loi ne visait pas seulement son objectif officiel, l'école libre, mais surtout à faire éclater l'alliance MRP-socialistes, le premier ne pouvant s'y opposer, les seconds y voyant une attaque inadmissible contre le principe de la séparation entre l'État et l'Église. Peu après le retour au pouvoir de de Gaulle, la loi Debré (1959), qui allait beaucoup plus loin dans la reconnaissance de l'école libre et l'appui financier, témoigne de l'extraordinaire charge émotive de la question scolaire. Près de dix millions de citoyens signèrent une pétition contre la loi Debré, une manifestation monstre se déroula à Paris mais cela ne fit pas reculer le gouvernement. L'Église et l'immense majorité des militants catholiques étaient en faveur de ces deux lois. Force fut de constater que ce n'est pas le Parti démocrate-chrétien qui fit passer ces lois mais la droite gaulliste. Voulant rejoindre à la fois les électeurs croyants et les non croyants, le MRP ne faisait pas le poids face à un parti bien organisé faisant passer la politique avant les états d'âme. Le MRP, animé par l'esprit de la Résistance, quand chrétiens engagés et laïcs militants pouvaient s'entendre, n'était pas outillé pour répondre à la nouvelle donne : droite et gauche classiques ne prétendant pas chercher l'unanimité mais, bien, au contraire, le pouvoir. L'échec du MRP pose la question : comment peut-on être *politiquement* chrétien dans une société qui se proclame laïque.

Toute différente est la situation en Allemagne où les Églises et les partis n'hésitent pas à jouer la carte chrétienne en politique. Dès la révolution avortée de 1848 était apparu un mouvement chrétien, composé de catholiques et de protestants, le *Centrum*, devenu parti, installé au centre, d'où son nom. Le rôle du *Centrum* a crû sensiblement après l'unification de l'Allemagne en 1871, rassemblant libéraux, petits bourgeois et ouvriers. Le parti connut son heure de gloire sous la République de Weimar, avec deux chanceliers, Brüning et Wirth, issus de ses rangs. Dernier parti à s'opposer au nazisme, le *Centrum* fut dissout comme les autres partis. Reconstitué en 1945, il obtint dix sièges aux élections de 1949 et survécut jusqu'aux élections de 1957. Sa présence pendant près d'un siècle sur la scène politique allemande témoigne de l'acceptation par le système politique d'une intervention directe des Églises dans le processus électoral. Son effacement après la guerre, loin de signaler une diminution du rôle de la religion en politique, manifeste au contraire l'extraordinaire réussite d'un nouveau parti démocrate-chrétien, la Christlich-Demokratisch Union, CDU.

Lancée en juin 1945 pour les élections régionales de Berlin et de Cologne, la CDU, avec le Programme d'Ahlen de 1947, s'est dotée d'une image combinant christianisme social et fédéralisme européen. Le christianisme social voulait joindre responsabilité individuelle et intervention étatique pour assurer un minimum de justice sociale, le tout en opposition au capitalisme débridé qui avait conduit au nazisme et au socialisme qui avait conduit au stalinisme. Le fédéralisme européen permettrait de constituer un rempart contre Moscou, de réintégrer l'Allemagne dans la politique européenne, de tisser des liens avec d'autres partis démocrates-chrétiens. Il faut croire que le message venait à point car la CDU a été au pouvoir de 1947 à 1966 puis, à nouveau de 1983 à 1998. De 1966 à 1969 la Grande coalition CDU – Parti social-démocrate a été au pouvoir. Le PSD a formé les gouvernements de 1969 à 1983 et celui de 1998.

Une des raisons du succès de la CDU a été le vote massif de la Bavière. Pour des raisons historiques, monarchie entre deux empires, la Prusse et l'Autriche-Hongrie, population catholique homogène, la Bavière jouit d'un statut spécial d'État, *Freistat*, avec sa propre citoyenneté, contrairement aux autres composantes de l'Allemagne, les *Länder*. Le nationalisme et le particularisme bavarois ont poussé à la création d'un parti démocrate-chrétien autonome, la CSU. Le Parti national CDU laisse le champ libre à la CSU en Bavière, par contre la CSU ne cherche pas à s'implanter ailleurs en Allemagne. Par rapport à la CDU, la CSU est plus conservatrice, que l'on pense à Franz-Josef Strauss, plus chrétienne dans le sens d'Église catholique triomphante, plus réticente à toute ouverture.

La Cour de cassation de Karlsruhe a jugé en 1995 que les enfants pouvaient être dispensés, sur demande, des cours de religion catholique, et que des parents pouvaient demander le retrait des crucifix des écoles. Le gouvernement bavarois CSU a ignoré le jugement, encouragé des manifestations pour le maintien des croix et manifesté le peu de cas qu'il fait de la justice. Dans la mesure où la CDU a besoin de la CSU pour gagner les élections, elle préfère ne pas soulever la question des droits, dans la mesure où la CSU est régulièrement réélue en Bavière, elle se sent justifiée dans sa politique.

Alors que la culture politique française est réticente devant les interventions de l'Église, l'allemande au contraire y est accoutumée depuis plus d'un siècle et demi. Le *Centrum* était l'instrument politique de l'Église. La CDU-CSU a une position quelque peu différente. Les chrétiens engagés en politique après la guerre formaient un groupe disparate : catholiques et protestants, hiérarchie catholique qui avait soutenu Hitler, ne serait-ce qu'en conformité avec le concordat, groupes chrétiens qui avaient été parmi les rarissimes opposants au Reich. Les Églises, catholique et protestantes, ont choisi de ne pas être officiellement liées à la CDU-CSU, mais de la soutenir publiquement. Avant chaque élection paraît une *Hiltenbrief*, une Lettre des bergers, dans laquelle l'Église catholique appelle les fidèles à bien voter, c'est-à-dire à se prononcer pour la CDU-CSU. Les protestants appartenant à plusieurs Églises, aucune, seule, n'a le poids de l'Église catholique, mais toutes, de façon plus discrète, encouragent leurs ouailles à voter CDU-CSU. Face à une gauche qui ne peut s'appeler socialiste, en raison de la connotation péjorative de ce terme dans un pays qui était coupé par le Rideau de fer, mais préfère l'expression « sociale-démocrate », les chrétiens, catholiques et protestants, ont choisi de s'appeler « démocrates-chrétiens » pour bien indiquer leur double idéal chrétien et démocratique. Ils ont réussi à instaurer un contrat social où les syndicats sont intégrés au système capitaliste et, avec Adenauer, à lancer la construction de l'Europe. La CDU est un parti de pouvoir qui présente un visage chrétien pour les électeurs pratiquants encouragés par leurs Églises et un visage conservateur pour les électeurs laïcs.

En Amérique latine, les partis démocrates-chrétiens sont apparus après la Seconde Guerre mondiale. Dans une région aux grandes inégalités socio-économiques, la démocratie chrétienne essaye de proposer une troisième voie entre les critiques du système capitaliste, tant socialistes que communistes, et les tenants de la ligne dure, souvent des juntes militaires, opposés à toute réforme. Des partis démocrates-chrétiens ont été au pouvoir dans plusieurs pays : Chili, Venezuela, Costa-Rica, Guatemala et Salvador. Au Venezuela, le Comité d'organisation politique électorale indépendante (COPEI, nom officiel du parti), créé en 1946, a occupé la présidence de l'État en 1969 et 1979 et, à nouveau, depuis 1993. Le parti chilien a connu une histoire plus mouvementée. Aux élections présidentielles de 1964, le démocrate-chrétien Eduardo Frei l'avait emporté sur le socialiste Salvador Allende. Six ans plus tard, aucun des candidats en lice n'obtint la majorité absolue : Alessandri (droite), Allende (socialistes, communistes, radicaux, petits partis issus de la démocratie chrétienne) et Tomic (démocratie chrétienne). Le Congrès, appelé à trancher, choisit Allende grâce aux votes des députés démocrates-chrétiens (24 octobre 1970). Rapidement la DC se détacha du nouveau président et passa dans l'opposition. Le coup d'État du général Pinochet, le 11 septembre 1973, accueilli favorablement par la DC introduisit une dictature où les activités des partis politiques, même ceux qui l'avaient soutenu, furent interdites. A nouveau la DC se trouva dans l'opposition. Cet exercice quasi impossible de corde raide politique, soutien puis opposition à Allende et à Pinochet, loin de nuire à la démocratie chrétienne la plaça au centre de la vie politique. Lors du retour à la démocratie, en décembre 1989, c'est le candidat unique de l'opposition, le démocrate-chrétien Patricio Aylwin Azocar, qui gagna les élections. Le Parti démocrate-chrétien avait réussi à s'assurer une place prépondérante dans la politique chilienne.

Dans des sociétés où la démocratie est relativement récente et où les régimes autoritaires sont une menace récurrente, les partis démocrates-chrétiens sont tiraillés entre une tentation conservatrice, protectrice du droit de propriété y compris pour les latifundiaires, et une tentation progressiste, influencée par la théologie de la libération. Ces partis catholiques, vivant dans des conditions plus dangereuses que leurs homologues d'Europe, dans des sociétés où le rôle du clergé, autant de droite que de gauche, est important, où le mouvement charismatique fait concurrence à l'Église catholique, ne se contentent pas d'essayer de gagner les élections pour gérer l'État, ils essayent d'influencer la nature des systèmes politiques de plusieurs États d'Amérique latine.

Si les partis démocrates-chrétiens visent le pouvoir, d'autres partis chrétiens, minuscules, cherchent à être les représentants de la transcendance dans une société ayant abandonné Dieu. Contrairement à ce que l'on pourrait croire, ces partis ne sont pas catholiques mais protestants. Au Pays-Bas, le Parti antirévolutionnaire, au nom évocateur, regroupe depuis 1879 les protestants opposés à la sécularisation de la vie publique. Ils ont quitté l'Église établie pour constituer une communauté autonome, sans lien avec l'État ou la société. L'objectif n'est pas de participer au pouvoir, d'influencer le gouvernement mais de se séparer et de faire savoir que l'on est séparé. D'autres protestants, qui voulaient rester dans leur Église pour l'influencer et ne pas couper les ponts avec la société, quittèrent le PAR en 1908 pour constituer l'Union chrétienne historique. L'UCH n'a pas la prétention d'être un parti de pouvoir mais, plutôt que de s'enfermer dans un ghetto volontaire comme le PAR, désire par sa présence rappeler à la société les exigences de la foi.

Que PAR et UCH d'un côté et partis démocrates-chrétiens de l'autre soient tous des partis religieux, la ligne de clivage est plus entre les partis de pouvoir et les partis marginaux qu'entre les partis religieux et les partis laïcs.

Les partis religieux juifs se trouvent dans une situation très différente de celle des partis chrétiens, car les Juifs ne sont majoritaires qu'en Israël et qu'il n'existe pas une autorité religieuse centrale unanimement reconnue. La référence pour les partis religieux juifs est la *halacha*, le code religieux qui englobe les relations personnelles, sociales, nationales et internationales ainsi que les relations avec Dieu. Les autorités rabbiniques, à partir de la même *halacha*, proposent des lectures différentes depuis celles ouvertes sur la société et le monde modernes jusqu'à celles qui lui sont hostiles. Les partis religieux juifs sont tous orthodoxes. L'un d'eux, l'Agouda, fondé en 1912, déclarait « qu'elle prendra une part active en toutes matières intéressants Juifs et judaïsme sur la base de la Torah et sans aucune considération politique », affirmation surprenante car l'Agouda fit élire des députés et des sénateurs au Parlement polonais entre les deux guerres mondiales.

C'est cependant en Israël que se sont développés des partis religieux juifs. Ils relèvent de trois grandes tendances : une de participation à la société moderne et à l'entreprise sioniste, une de méfiance par rapport à toute nouveauté et une religio-ethnique. Le Parti religieux national, fondé en 1904, sous le nom de Mizrachi, est résolument sioniste et, tout en restant à l'intérieur de l'Organisation sioniste, mettait de l'avant « le travail religieux et éducatif ». Depuis 1948, le PRN a participé à la majorité des coalitions gouvernementales (1948-1958, 1961-1992, 1996- ). Son objectif est de donner une dimension religieuse aux activités étatiques. L'Agouda, de son côté, s'est d'abord limité à la défense des intérêts religieux puis est passé à leur promotion. Son objectif est de vivre dans un ghetto volontaire. Shas, créé en 1984, se veut le porte-parole des intérêts religieux de la population sepharade (originaire du Bassin méditerranéen). Le Parti religieux national est un instrument de socialisation et de politisation de ses membres. Plusieurs de ses députés sont des rabbins, plusieurs rabbins réputés sont considérés comme des maîtres à penser (en particulier l'ancien grand-rabbin sepharad Mordechai Elyahou) mais il est autonome, prend des décisions en tant que parti et non pas en tant que représentant des autorités rabbiniques. L'Agouda est un instrument de politisation inévitable dans la mesure où l'obtention d'avantages pour ses membres passe par un processus politique. Par contre, il continue à prendre ses ordres d'un Conseil des Sages composé de rabbins. Shas, à l'idéologie la moins cohérente, est un instrument de promotion qui cherche à obtenir le maximum de services sociaux et éducatifs pour ses membres. Il a, lui aussi, un mentor spirituel, l'ancien grand-rabbin sepharad Ovadia Yosseph.

Malgré les multiples différences entre les partis – acceptation ou rejet du monde moderne, sionisme militant ou toléré, impliqué dans les débats politiques fondamentaux, comme celui des relations avec les Arabes, ou limité aux besoins spécifiques de ses électeurs – ils ont tous une vision du monde où la religion occupe une place centrale et un désir de judaïser la vie publique. Les augures qui prédisaient un déclin des partis religieux marginalisés par l'élection au suffrage direct du Premier ministre et par l'immigration massive de l'ancienne Union soviétique, avec son nombre négligeable de Juifs religieux, ont été confrontés au meilleur résultat électoral de ces partis (23 députés sur 120 alors que le score historique précédent était de 18). Les partis religieux sont de plus en plus des partis de gouvernement qui, au-delà du jeu politique classique – gagner les élections, participer aux coalitions gouvernementales, faire passer des législations favorables à leurs électeurs, etc. – essayent de contribuer à l'émergence d'une identité combinant les deux dimensions de l'appartenance juive, la religieuse – rituelle et la politique – nationale.

En Inde, la défense de la religion et des coutumes hindoues contribue à l'image de marque du Parti Bharatiya Janata. Il s'oppose à tout traitement de faveur pour l'islam et même à toute reconnaissance jugée *a priori* abusive. Pour les élections de mars 1998, le BJ avait dans son programme électoral un certain nombre de clauses visant les musulmans comme le rappel de l'article 370 qui accorde un statut d'autonomie particulière aux États de Jammu et du Cachemire à majorité musulmane, une législation unique sur les mariages et le droit de propriété ne tenant pas compte de la *sharia*, le code religieux musulman, et laissait entendre qu'il n'était pas opposé à la construction d'un temple sur le site de la mosquée à Ayodhya[1]. Sorti vainqueur des élections, le discours inaugural du nouveau Premier ministre, Atal Behari Vajpayee, a conservé le style nationaliste (économie par et pour les Hindous, option nucléaire contre le Pakistan) mais omis toute référence à la question musulmane. Le parti donne l'impression de jouer sur les sentiments antimusulmans pour gagner les élections et sur un ton plus modéré, une fois au pouvoir, pour éviter une explosion.

Les quelques exemples que nous venons de présenter nous montrent des partis religieux qui ne se conforment pas à l'idée que partagent plusieurs spécialistes de science politique de ce qu'ils devraient être : petits, dominés par les Églises, marginaux, survivance du passé n'ayant rien à offrir à la société. Si certains partis refusent de jouer le jeu politique et se délectent dans la marginalité, la majorité d'entre eux souhaitent devenir des partis de gouvernement. Ces partis, lorsqu'ils sont petits, le doivent moins à un choix délibéré qu'à une incapacité à attirer les électeurs. Historiquement, certains partis religieux ont été

1. Le temple hindou de Rama, à Ayodhya, a été transformé en mosquée au XVIe siècle. Pour éviter des violences entre musulmans et hindous qui avaient introduit des statues dans la mosquée, Nehru a fait fermer le lieu de culte en 1949. La foule a détruit la mosquée en 1992. Depuis les musulmans réclament la reconstruction de la mosquée et les hindous, encouragés par le parti BJ, la construction d'un temple hindou (voir Delumeau, *op. cit.*, p. 427-428).

créés par des Églises mais la démarche la plus fréquente est celle de croyants, plus ou moins épaulés par leurs Églises, qui veulent intervenir en politique. Les relations entre les partis religieux et les Églises n'en sont pas de dépendance – l'Église décidant et le parti appliquant – mais d'une autonomie croissante, les élus continuant à s'inspirer de leur foi mais devenant des politiciens pour qui le pouvoir est plus important que le témoignage. Loin de marginaliser les croyants, les partis religieux, s'ils le désirent, peuvent jouer un rôle majeur dans la socialisation et la politisation de groupes de la société et ainsi contribuer au fonctionnement des sociétés démocratiques.

## III. — **Les groupes de pression religieux**

Les partis religieux ne sont pas les seuls à représenter les religions dans l'arène politique. Elles sont également impliquées par le biais des groupes de pression lorsque les Églises ne deviennent pas elles-mêmes des groupes de pression. Alors que les partis religieux officialisent le rôle politique des religions, les groupes de pression ou groupes d'intérêt religieux sont plus discrets. Un tel groupe, par définition, ne cherche pas le pouvoir, il ne vise pas à former le gouvernement. Ce qu'il cherche, c'est à influencer les décisions politiques en sa faveur. Il n'est pas question de présenter un programme politique global, tenant compte des multiples aspects de la vie en société (économique, social, culturel, fiscal, industriel, écologique, etc.) mais de se concentrer sur la ou les dimensions qui intéressent le groupe, qu'il soit patronal, syndical, sportif, humanitaire ou religieux. Les groupes d'intérêt les plus efficaces ne sont pas ceux qui se font le plus entendre sur la place publique, organisent des manifestations, en général *post facto* pour se plaindre d'une décision politique mais, au contraire, ceux suffisamment pris au sérieux par les pouvoirs publics pour être consultés avant la prise de décision. Les citoyens peuvent participer au choix politique par deux canaux : celui des élections où chaque voix est égale et celui des groupes. Un groupe dont les demandes spécifiques sont présentées comme se rattachant à l'intérêt général a plus de chance d'influencer les décisions qu'un groupe dont les demandes sont perçues comme n'étant favorable qu'à ses seuls membres.

Les Églises, comme toutes les organisations dans la société, doivent tenir compte du rôle de l'État pour obtenir à la fois une reconnaissance officielle leur permettant de fonctionner et des avantages monétaires. Peu importe le statut, public ou privé, une Église ne saurait avoir des activités sans autorisation légale. Un groupe qui veut créer sa propre Église doit se mettre en contact avec les pouvoirs publics pour acquérir une existence officielle. Il s'agit moins de rendre à César ce qui appartient à César que d'obtenir une liste de bénéfices indispensables à la bonne marche de l'institution. Cette liste est plus longue qu'on pourrait le croire. Le droit de construire des lieux de culte dépend d'une autorisation de l'État mais également des autorités municipales, locales ou régionales. Ces divisions territoriales ont des plans qui prévoient quel type de bâtiment peut être construit dans quelle zone. A cette autorisation, s'ajoute la question des impôts fonciers : l'Église est-elle considérée comme un propriétaire de type privé ou comme bénéficiant d'un statut de type public ? Peut-elle obtenir des terrains gratuitement ? Malgré la séparation officielle entre l'État et l'Église en France, les Églises établies ont obtenu, dans les années 1960, des terrains dans les villes nouvelles de la périphérie parisienne afin de créer des points d'attache, un sentiment d'appartenance à des populations transplantées. Reçoit-elle des subventions ? Le système fiscal prévoit-il un régime lui facilitant l'accès aux fonds nécessaires : dons de charité donnant droit à un abattement fiscal – très répandu –, régime fiscal privilégié pour les prêtres – cas des curés et des membres des ordres catholiques au Québec. Ces multiples bénéfices qui jouent en faveur des Églises les rendent tributaires de l'État. Une modification réglementaire en apparence anodine peut avoir des conséquences dévastatrices pour les Églises. Elles ont donc tout intérêt à garder de bonnes relations avec l'État et à se comporter en groupes de pression. Les États-Unis sont sans doute le pays de prédilection des Églises – groupes de pression. La multiplication des Églises y est due, largement, aux bénéfices fiscaux qu'en tirent leurs promoteurs. Lorsque le statut de l'Église de scientologie a été remis en cause, cette Église s'est comportée comme un groupe de pression : rencontres avec des élus et des personnalités, appel à l'opinion publique, recherche de soutien auprès de citoyens d'autres confessions, etc. Cet aspect légalo-fiscal peut paraître loin de la transcendance, il n'en est pas moins bien réel.

La liberté religieuse ne se limite pas à la liberté de culte public (utilisation de locaux à des fins de prières, méditations, études, etc.), elle comprend également des aspects qui nécessitent une autorisation de l'État, en particulier pour les religions minoritaires. Les autorisations ne peuvent être obtenues que suite à des relations permanentes entre Églises, comme groupes de pression, et pouvoirs publics. Le cas de l'abattage rituel, juif et musulman, en fournit un bon exemple. Les autorités publiques déterminent les conditions dans lesquelles la viande peut être offerte à la consommation humaine. Toute déviation de ces normes bureaucratiques, à moins de se risquer à l'illégalité, doit être autorisée par l'État. Dans la quasitotalité des sociétés démocratiques – la Suisse étant une exception notable – l'État, à la demande des autorités religieuses minoritaires, prévoit des exceptions pour motif religieux. Il doit donc déterminer qui a le droit d'être abatteur et quelles sont les conditions de cette activité. Politiciens et fonctionnaires n'ayant pas compétence pour déterminer l'application des règles religieuses, l'autorité publique n'émet des autorisations qu'après consultation avec les Églises, dans ce cas la Synagogue et la Mosquée. La nécessité d'obtenir ces autorisations, la défense de la liberté religieuse contre les groupes de pression qui s'opposent à l'abattage rituel, le désir de défendre les consommateurs contre les fraudes, tout cela oblige les dirigeants religieux à garder un contact régulier avec l'État. Ces contacts et cette consultation, caractéristiques des groupes de pression, deviennent des activités indispensables des religions.

Un troisième type de pression est celui que nous appelons idéologique. Il ne s'agit plus de liberté de culte, d'intérêt matériel, de droit des groupes religieux minoritaires mais d'influencer les politiques qui affectent l'ensemble de la population. Divorce et avortement rentrent dans cette catégorie. Ils ont provoqué dans de nombreux pays l'intervention massive de l'Église catholique dans le débat public pour les interdire ou les limiter. Le divorce civil va de soi là où existe le mariage civil. Par contre, dans les États où le mariage religieux est reconnu par l'autorité, le prêtre bénissant l'union jouant également le rôle d'officier d'État civil, si une religion rejette la notion de divorce, cas de l'Église catholique, elle s'oppose à tout changement législatif qui introduirait le divorce civil. Ainsi, en Irlande, l'Église catholique a utilisé tous les moyens classiques des groupes de pression, depuis les discussions discrètes jusqu'aux appels publics, pour faire échec au divorce civil. En ce qui concerne l'avortement, l'Église catholique est particulièrement active dans le mouvement d'opposition à l'avortement. Cette opposition joue aussi bien dans les États où l'Église joue un rôle primordial (Pologne) que dans ceux où son influence est limitée (États-Unis). L'attitude de l'Église a beau s'affirmer au nom de la morale, elle ne peut influencer le système politique qu'en utilisant les moyens des groupes de pression.

La question de l'éducation combine les diverses dimensions des pressions religieuses : 1 / reconnaissance par l'État et soutien financier ; 2 / droit minoritaire (soit des religions réellement minoritaires soit de la religion majoritaire dans les systèmes d'éducation laïcs) ; 3 / idéologie : assurer la transmission des valeurs religieuses et assurer la relève.

Il faut distinguer entre l'appartenance à une religion et les organismes religieux, en particulier les Églises. Le fait que les Églises soient le plus souvent en faveur de l'école privée confessionnelle n'entraîne pas automatiquement l'adhésion de leurs fidèles. C'est le cas en France où des catholiques convaincus et pratiquants sont en faveur de l'école publique laïque. C'est encore plus le cas aux États-Unis où nombre d'adeptes de diverses religions sont opposés à toute atteinte à la sacro-sainte séparation de l'État et l'Église. Ainsi des groupes juifs, y compris des groupes se réclamant de la religion juive, en général non orthodoxes, ont exprimé leur hostilité à toute modification au statu quo. Les minorités religieuses et ethniques (catholiques, juives, noires) sont divisées entre les groupes de pression qui se prononcent pour l'école publique laïque ouverte à tous et ceux qui, au contraire, essayent d'obtenir reconnaissance et fonds publics pour leurs écoles séparées. La suggestion d'un système de *voucher*, de coupon, remis aux parents par l'État et payable à toute école, publique ou privée, laïque ou religieuse, loin de faire l'unanimité des groupes religieux les oppose les uns aux autres.

Il arrive également que les Églises qui jouissent d'un traitement de faveur acceptent des changements tout en veillant au grain. C'est le cas de l'Église catholique au Québec. Le réseau d'écoles publiques y était divisé en deux branches, une catholique et une protestante. L'Église catholique était fortement impliquée : cours de catéchisme, « projet éducatif chrétien », droit de veto sur tout changement au programme scolaire, etc. Les Églises protestantes, éparpillées, n'avaient que des contact limités avec les écoles officiellement protestantes. Les religions minoritaires, juive, grecque orthodoxe, arménienne, plus récemment musulmane, ont demandé et obtenu après de longs débats que leurs écoles soient reconnues d'intérêt public et reçoivent des subventions. La volonté du gouvernement de remplacer les commissions scolaires confessionnelles, catholiques et protestantes, par des commissions linguistiques a nécessité un amendement à la Constitution canadienne en 1998. On aurait pu s'attendre à une véhémente opposition des Églises. Il n'en a rien été. Les Églises protestantes ont laissé faire. L'Église catholique a choisi une solution originale : plutôt que d'exiger le maintien des garanties constitutionnelles pour les écoles catholiques, elle a préféré suivre l'opinion publique, favorable au changement, en s'assurant toutefois que, à l'intérieur des commissions linguistiques, chaque école, à la demande des parents, puisse garder un statut confessionnel. De garantie par l'État, on est passé aux demandes des citoyens, l'Église s'attendant à ce que de nombreux parents réclament une présence religieuse catholique dans les écoles. L'Église catholique s'est comportée comme un groupe de pression souple, prêt à tenir compte de l'opinion publique, négociant au mieux de ses intérêts.

Ces exemples démontrent que si toute Église s'intéresse à l'éducation, que si chacune, selon les pays et les circonstances, se comporte comme un groupe de pression, le sens de la pression peut varier considérablement.

Des groupes de pression, créés à l'origine par l'Église, ont acquis au fil des ans une grande autonomie. De courroie de transmission, ils sont devenus des groupes s'inspirant de la religion sans être liés à des Églises spécifiques et, de plus en plus fréquemment, des groupes qui ne font plus référence à une quelconque idéologie religieuse. Un exemple d'émancipation de la tutelle religieuse nous est fourni par le syndicalisme chrétien en France.

Créée en 1919, la Confédération française des travailleurs chrétiens, CFTC, avait un objectif explicite : « S'inspirer dans son action de la doctrine sociale définie par l'encyclique *Rerum Novarum* » (art. 1). Il fallu attendre 1947 pour que cette formulation, jugée trop limitative, devienne un engagement à s'inspirer des « principes de morale chrétienne ». De syndicat obéissant à l'Église catholique, la CFTC était devenue un syndicat d'obédience chrétienne. Le mouvement d'éloignement de l'Église s'est continué et, en 1964, par une majorité de 70 %, la CFTC s'est déconfessionnalisée pour devenir la Confédération française démocratique du travail, CFDT. Quelques syndiqués hostiles à la transformation se sont regroupés au sein de la « CFTC maintenue ». La CFDT a donc des racines chrétiennes mais ses prises de position, ses activités n'évoquent plus une vision du monde religieuse, avec l'Église catholique au centre, mais une vision du monde syndicale, avec une insistance sur le respect des droits démocratiques.

Cette tendance n'est pas unique à la France. D'autres centrales syndicales chrétiennes ont donné de plus en plus d'importance aux revendications de leurs membres au détriment d'une idéologie religieuse. Ce n'est donc pas uniquement pour des raisons de relations publiques que la Confédération internationale des syndicats chrétiens est devenue la Confédération mondiale du travail.

La Grèce, à nouveau, présente un cas particulier. Nous avons déjà noté que l'Église grecque orthodoxe est inextricablement liée à l'État. Cela lui donne à la fois un rôle considérable et la met au service du politique. Le ministère de l'Éducation et des Religions a un nom révélateur : l'éducation a une composante religieuse. L'enseignement religieux grec orthodoxe est obligatoire dans les écoles des niveaux primaire et secondaire, les enfants appartenant à d'autres religions en étant néanmoins exemptés. Des changements récents dans le statut personnel montrent à quel point l'Église était présente dans les structures publiques qui encadrent la vie des citoyens. Le mariage civil existe depuis 1983. Avant cette date, l'article 1353 du Code civil interdisait le mariage d'un chrétien avec un membre d'une autre religion. Ceci avait entraîné des conséquences inattendues. Un émigrant grec, vivant et marié civilement à l'étranger, était considéré, à son retour en Grèce, comme célibataire. L'article 1361, lui aussi aboli en 1983, interdisait le mariage d'un parrain avec sa filleule ou la mère de la filleule. Ces divers exemples donnent l'image d'une Église triomphante qui n'a pas vraiment besoin d'exercer des pressions sur le politique, car elle y est omniprésente. En fait, on peut se demander si ce n'est pas plutôt l'État qui contrôle l'Église (charte, nomination des évêques, salaires), l'Église étant réduite à un rôle d'influence et non de pouvoir. Les modifications récentes au Code civil auraient pu provoquer une levée de boucliers des chefs de l'Église. Au contraire, l'Église a préféré se mettre au diapason des transformations de la société. Elle reconnaît le divorce civil et, sauf rarissime exception, le fait suivre rapidement d'un divorce religieux. A force d'être officielle, de dépendre du politique, l'Église grecque orthodoxe a du mal à se démarquer du politique.

Les Hui, les musulmans de Chine, ne sont pas considérés comme faisant partie à part entière du peuple chinois (voir chap. II.1) mais les autorités de Pékin ne peuvent les ignorer. Il ne saurait être question pour un régime communiste de reconnaître une minorité religieuse, il serait dangereux de les reconnaître comme minorité nationale (encore que deux régions autonomes sont à majorité musulmane), la décision de Pékin a été de les traiter en minorité ethnique. Dans la pratique, malgré toutes les différences, les relations entre le pouvoir central et les musulmans ressemblent étrangement à celles que l'on trouve dans les sociétés démocratiques où les Églises jouent le rôle de groupe de pression. Les musulmans ont ainsi obtenu de l'État une reconnaissance légale avec des autorisations pour la construction et l'entretien de mosquées, l'abattage rituel, le respect des lois diététiques religieuses dans les institutions publiques, etc. Certaines réalités religieuses s'imposent aux États malgré eux.

Une idée reçue veut que politique et religion ne fassent pas bon ménage. Reprenant à leur compte en le déformant le dicton « Rendez à César ce qui appartient à César, et à Dieu ce qui appartient à Dieu », les critiques estiment que la religion ne doit pas s'introduire dans l'arène politique et, qu'inversement, le politique n'a pas à s'introduire dans les affaires religieuses. Cette vision est rejetée par les États, et ils sont nombreux, qui font référence à des religions dans leurs textes fondamentaux. Cette vision s'apparente à celle qui veut séparer politique et économie, l'État n'intervenant pas ou que minimalement dans le domaine économique, les entreprises s'occupant de leurs affaires sans intervenir dans le domaine politique. C'est s'imaginer que l'on peut découper la réalité sociale en autant de caissons étanches.

L'analyse nous montre que maintes démocraties fonctionnent aussi bien que les autres même si elles ont des partis religieux. Ces partis, aux idéologies et activités politiques très diverses, entraînent deux conséquences. A l'exception de partis délibérément marginaux (comme le Parti antirévolutionnaire des Pays-Bas), les partis religieux sont une affirmation publique par les groupes religieux et les Églises qu'il est positif de participer, en tant que religieux, à la vie politique. Leur existence oblige les pouvoirs publics à reconnaître les intérêts religieux et à en tenir compte dans les décisions politiques. L'analyse nous montre également que même dans les pays à forte tradition laïque, où les partis religieux seraient légaux mais n'ont pas de légitimité populaire, dans les pays où la séparation entre l'État et l'Église est considérée comme une des conditions fondamentales du contrat social (France, États-Unis), les religions et, plus précisément, les Églises interviennent comme groupe de pression. Cette pression n'est pas un abus mais une donnée incontournable. La liberté religieuse et ses corollaires – statut juridique et fiscal des Églises, exercice de la liberté religieuse : éducation, observances, etc. – ne peut s'appliquer sans négociation entre l'État et les Églises. Une Église qui ne se comporte pas en groupe de pression peut certes faire acte de foi et remplir de joie les intégristes laïcs, elle ne fait pas acte religieux. Un État qui n'a pas de contact avec les Églises se coupe d'une partie de la société qu'il a pour mission de gouverner. Peu importe le discours officiel de part et d'autre, politique et religion ne peuvent s'ignorer.

Chapitre IV

# RELIGION ET POLITIQUE INTERNATIONALE

Si religion et politique sont interreliées à l'intérieur des États, qu'en est-il au niveau international ? Les religions qui encadrent la vie de leurs fidèles, encadrement qui comprend un guide des relations avec leurs concitoyens, leur présentent-elles également une perspective sur la politique internationale ? Dans la mesure où les religions offrent une vision globale de l'humanité, on peut s'attendre à ce qu'elles aient leur mot à dire dans le domaine international. Qu'elles se contentent de fournir une lecture des événements internationaux – dans de nombreux pays, les prédicateurs évoquent et expliquent ce qui se passe dans le monde – ou qu'elles interviennent directement, les religions ne sauraient être indifférentes. Leurs adeptes ne leur posent-ils pas des questions fondamentales comme la définition d'une guerre juste, la lutte à la pauvreté, l'application de la justice dans les relations internationales, la place des politiques étatiques dans le plan divin ? A ces questions, les religions et les Églises offrent un éventail de réponses.

## I. — Vue globale de la société par les religions et interventions politiques au niveau international

Le magistère peut être directif – demander l'intervention des États en politique internationale, invoquer Dieu en faveur de la guerre (depuis la *Jihad* jusqu'au *Gott mit uns*, Dieu avec nous) –, méfiant – ce qui compte est le salut des individus et non les actions des collectivités nationales et internationales – ou choisir un rôle d'incitation, d'encouragement plutôt que de direction.

L'aspect interventionniste a longtemps était la norme. L'Église catholique intervenait dans les relations internationales en soutenant certains souverains contre d'autres, en encourageant la remise au pas des hérétiques, Albigeois, Luthériens et autres Calvinistes, en cherchant à faire barrage aux visées musulmanes. De nos jours, le Vatican présente le cas exceptionnel d'une Église qui a son propre État. Certaines Églises d'Orient jouent un rôle politique international en collaboration avec des États. Des leaders religieux musulmans demandent l'intervention des États pour répandre l'islam dans le monde. Les interventions directes ont fait place, comme nous le verrons plus bas, à des interventions plus souvent indirectes.

La méfiance est le résultat d'une approche qui considère que tout contact avec le politique, encore plus avec sa dimension internationale et souvent violente, détourne le fidèle du droit chemin. Tant que des Églises préconisent une ghettoïsation volontaire, les États démocratiques les tolèrent, lorsqu'elles refusent l'obéissance à l'État, les tensions deviennent inévitables. Que les Quakers[1] rejettent les structures ecclésiales agacent les autres chrétiens, qu'ils mépri-

1. Groupe créé en 1652 par George Fox.

sent les structures politiques exaspèrent bon nombre de citoyens, qu'ils refusent de participer à tout phénomène lié à la violence, même légitime à la Weber, comme le service militaire et encore plus la guerre, remet en cause le système de relations internationales qui continue à reposer sur les rapports de force et les menaces. Que dire alors des Témoins de Jéhovah[1] qui attendent la deuxième venue du Christ, ce qui ne gêne guère les leaders politiques, mais refusent le service militaire et tout substitut, ce qui leur attire les foudres de l'État. Dans les situations de guerre, ils sont souvent traités de traîtres qui, par leur refus de contribuer à l'effort militaire, font le jeu de l'ennemi et dans les relations internationales, ils refusent de se faire embrigader par qui que ce soit.

La méfiance officielle peut se transformer en participation aux débats sur la politique internationale. Les Quakers, par exemple, interviennent en politique internationale par l'intermédiaire de l'American Friends Service Committee. Ce comité a été actif en Europe pendant et après la Seconde Guerre mondiale et est venu en aide aux victimes des persécutions raciales et aux réfugiés. Partant du principe que chaque homme peut atteindre la « lumière intérieure », donc que personne n'est intrinsèquement mauvais, ils ont évolué d'une idéologie religieuse à un relativisme moral et un engagement politique surprenant. Eux qui sont contre la guerre, contre l'esclavage, contre les prisons refusent depuis les années 1960 et 1970 de condamner les dictatures qui violent les droits de l'homme et persécutent les chrétiens (URSS, Chine, Vietnam, Irak, Kampuchéa, Syrie, Soudan, etc.) à la notable exception des dictatures de droite (Pinochet). Ils sont, par contre, extrêmement critiques des États-Unis et de leurs alliés. Leur bureau à l'ONU ne correspond pas à l'idée que

1. Groupe créé en 1872.

l'on se fait du rôle international d'un groupe religieux. Il s'occupe beaucoup moins que dans le passé d'aide humanitaire et ses interventions politiques ont souvent un lien ténu avec le christianisme. Comment expliquer leur action en faveur de la reconnaissance de la Chine populaire par l'ONU et de l'expulsion de Taiwan ? Cela fait-il des Quakers un acteur influent à l'ONU, sans doute non. Par contre l'image projetée par leurs actions passées les aide à disséminer dans l'opinion publique américaine un message où le pacifisme a fait place à un soutien aux régimes même violents qui s'opposent à l'Occident. En échange, lorsque des dictatures expulsent les agences humanitaires chrétiennes, les Quakers sont autorisés à rester.

La majorité des religions ont abandonné l'approche directive et ne sauraient se satisfaire d'une politique d'indifférence. Leurs interventions internationales ne sont pas négligeables mais ne doivent pas être surestimées. Conscientes que leurs chances d'influencer la société internationale dépendent en partie de leurs capacités à se trouver des alliés, elles participent à des coalitions de fait pour assurer la promotion de certaines politiques. Églises et syndicats, avec une argumentation différente, ont encouragé les États à protéger puis à soutenir Solidarité en Pologne. Groupes religieux et groupes politiques ont exercé des pressions conjointes pour que les États-Unis conditionnent l'accès au marché américain au respect par l'Union soviétique des minorités religieuses. Récemment, en août 1998, la Conférence des évêques anglicans, a ajouté sa voix aux groupes qui demandent l'annulation de la dette des pays sous-développés. Ces cas, que l'on pourrait multiplier, ont un point commun. Les Églises jouent discrètement de leur autorité morale pour encourager, de concert avec d'autres groupes, un consensus aussi large que possible dont devront tenir compte les gouvernements.

Le rôle historique des religions en politique internationale est difficile à évaluer. Ont-elles influencé la politique des États ou ces derniers ont-ils justifié leur politique par un recours à la religion ?

Les capitulations, traités par lesquels des États chrétiens se voyaient reconnaître par l'Empire ottoman un droit de protection sur des sujets chrétiens, visent-elles uniquement la liberté religieuse des minorités ou sont-elles une excuse pour donner à l'Europe un droit d'ingérence dans les affaires turques ? La guerre de Crimée (1854-1856) est-elle vraiment une guerre où catholiques français et orthodoxes russes combattaient les musulmans turcs au nom de la défense des sujets catholiques et orthodoxes ou une guerre classique entre trois États défendant des intérêts nationaux ?

Plus près de nous, force est de constater que le rôle international des religions et des Églises varie considérablement. Un cas extrême est celui des Églises qui poussent les États à recourir à la guerre, que ce soit la guerre sainte pour protéger les musulmans de Bosnie ou la bénédiction des armes non seulement pour défendre la patrie, mais pour attaquer les autres. Plus fréquent est l'appel des Églises pour sauver leurs coreligionnaires opprimés dans certains pays : catholiques en Chine, juifs en URSS, arméniens en Azerbaïdjan, bahaï en Iran, bouddhistes au Vietnam, etc. Plus fréquent encore est la volonté de témoigner de valeurs transcendantes et d'organiser une aide humanitaire pour les victimes de catastrophes naturelles (tremblements de terre, inondations, etc.) et de guerres civiles et internationales (Rouanda, Soudan, etc.).

Étant donné que depuis la fin de la Seconde Guerre mondiale, l'ONU est devenue la caisse de résonance des conflits internationaux, il n'est pas surprenant que les religions et les Églises aient choisi d'être représentées par de multiples organisations non gouvernementales, ONG, auprès de l'ONU et de ses agences spécialisées. La majorité des confessions ont des bureaux qui suivent de près les activités de l'ONU et qui y jouent le rôle de groupes de pression. Ces ONG essayent que les résolutions, recommandations, études, rapports, analyses tiennent compte de leurs intérêts. Ces ONG se répartissent en groupes confessionnels d'hommes, de femmes, de syndicalistes, d'étudiants, etc., pour accroître le nombre de canaux de communications.

Cette prolifération d'ONG religieuses peut conduire à un résultat pervers : elles se combattent entre elles pour des questions de croyance et de prestige et perdent ainsi leur autorité morale. Certaines Églises ont décidé d'unir leurs efforts pour accroître leur rôle international. Déjà en 1905 l'Alliance baptiste mondiale avait été créée pour, dans un premier temps, organiser l'entraide entre les membres, puis, petit à petit, élargir son champ d'intervention et intervenir dans des domaines autres que strictement religieux. L'ABM, qui regroupe plus de 100 fédérations d'Églises et de 30 millions de membres, est consciente des réalités politiques. Le président de sa commission des droits de l'homme n'est nul autre que l'ancien président américain Jimmy Carter. D'autres groupements religieux internationaux ont vu le jour comme la Fédération luthérienne mondiale créée en 1947.

Le vent d'universalisme qui a soufflé après la Seconde Guerre mondiale a poussé des Églises à créer en 1948 le Conseil œcuménique des Églises. Deux raisons sont à l'origine du COE :œcuménisme et aide humanitaire. Les Églises protestantes occidentales – Anglicans, Méthodistes, Presbytériens, quelques Luthériens – attendaient du COE un lieu de rencontres, de débats, de discussions qui encouragerait un rapprochement théologique. L'Église catholique voyait d'un mauvais œil ce nouvel organisme et lui préférait sa propre version de l'œcuménisme : que les Églises séparées rentrent dans le giron de Rome. Par la suite, l'opposition catholique s'est atténuée et l'Église envoie maintenant des observateurs aux réunions du COE. Au début des années 1960, des Églises orthodoxes, en premier lieu l'Église orthodoxe russe, se sont jointes au COE. L'autonomie de cette Église étant quasi nulle à l'époque, l'adhésion était moins un choix théologique qu'une politique délibérée du Kremlin. L'athéisme officiel de l'URSS n'empêchait pas ses dirigeants de reconnaître le rôle des Églises dans la formation de l'opinion publique, rôle à ne pas négliger pendant la guerre froide. Le Conseil œcuménique des Églises qui affirme représenter 500 millions de membres a mis en sourdine sa quête théologique, d'autant plus que plusieurs Églises évangéliques, dont le nombre de fidèles augmente rapidement, ne sont pas membres. Son rôle social est devenu central. Le COE coordonne l'action de ses Églises membres dans l'organisation de secours pour les populations en détresse. Quant à la dimension politique, que nous verrons plus bas, elle est bien présente et apparemment peu inspirée de la charité chrétienne.

## II. — Un cas exceptionnel : le Vatican

Le concordat est souvent perçu comme le symbole de l'intervention du Vatican dans l'arène internationale et comme preuve de son influence dans les politiques internes des États. C'est « un traité de droit international par lequel le Saint-Siège et un État souverain règlent l'ensemble des questions concernant les institutions et les activités de l'Église catholique sur un territoire donné »[1]. Ce traité est *sui generis* dans la mesure où un des signataires ne représente pas seule-

1. *Encyclopédie Universalis*, Paris, 1995, vol. 6, p. 310.

ment l'État souverain du Vatican mais le pontife de l'Église catholique. A l'origine, au XIe siècle, loin de prouver la puissance de l'Église, le concordat témoignait, plus simplement, de son autonomie. Le concordat de Worms (1122), par son existence même, fait savoir que la papauté n'est plus subordonnée au Saint Empire romain germanique mais qu'elle est autonome et responsable du clergé national. Cette division du pouvoir entre temporel et spirituel, avec des hauts et des bas, allait durer plus de sept siècles. Le concordat de 1801 entre Pie VII et Bonaparte remit en cause un système international, ou plutôt européen, où il allait de soi que l'État était chrétien, catholique jusqu'à la Réforme et resté catholique car un concordat ne se négociait pas avec un État protestant. Pie VII a accepté un concordat avec une France massivement catholique certes mais qui avait abandonné le catholicisme comme religion d'État. Le pape reconnaissait la légitimité d'un chef d'État, émanation du peuple et, en échange, « l'État reconnaissait l'autorité spirituelle du pontife romain et son droit sur les évêques[1] ». Bonaparte, par la Loi sur les cultes du 8 avril 1802, entérinait le concordat et y ajoutait des « Articles organiques » lui permettant de contrôler le clergé français. Ce concordat a été dénoncé par la France en 1904 puis par la Loi de séparation des Églises (notez le pluriel) et de l'État du 9 décembre 1905. Pour éviter des troubles lors du rattachement de l'Alsace-Lorraine à la France en 1918, le concordat continue à s'appliquer à l'Alsace et à la Moselle.

La multiplication des concordats entre les deux guerres mondiales n'a pas tellement signalé l'influence de l'Église catholique sur la politique européenne que son choix en faveur des dictatures. Le concordat avec l'Italie mussolinienne de 1929 qui a accompagné le

1. *Ibid.*, p. 312.

Traité de Latran par lequel le Vatican obtenait la souveraineté sur un territoire et un paiement en or et en Bons du Trésor italien, faisait du catholicisme la religion officielle. Les autres concordats de cette période ont été signés avec la Bavière (1924), la Prusse (1929), le Bade (1931), le tout culminant dans les concordats avec le III^e Reich et l'Autriche (1933). Dans une Europe où les démocraties étaient menacées par le communisme et le fascisme, le Vatican se mettait du côté des dictatures de droite et légitimait le nazisme. Par contre, lorsque Hitler tenta de nommer un Reichsbishof pour l'Église luthérienne, cette dernière s'y opposa.

L'Espagne témoigne de l'évolution de l'Église catholique et du Vatican par rapport aux régimes politiques. Lors de la guerre civile (1936-1939), l'Église a pris fait et cause pour Franco. Elle espérait et elle a obtenu une place privilégiée dans la société : existence légale limitée à l'Église catholique – les autres confessions (protestantisme, judaïsme) étant seulement tolérées –, enseignement religieux catholique dans les écoles publiques, participation *de jure* dans les instances politiques, etc. Cette attitude a créé des difficultés avec les Basques, catholiques mais républicains, et contribué à l'opposition farouche des Républicains. Les atrocités de part et d'autre ont compris le massacre de plusieurs milliers de prêtres et de religieuses. L'Église dans l'Espagne de Franco n'est pas facteur d'identité nationale mais facteur d'intégration à un régime politique autoritaire. Le Vatican, après la Seconde Guerre mondiale, alors que les dictatures de droite étaient tombées, signa un concordat avec l'Espagne, en 1953, donnant ainsi un ballon d'oxygène à un régime autoritaire déconsidéré. La mort de Franco en 1975, le désir d'ouverture et de retour à la démocratie, également présent parmi les couches inférieures du clergé, contribuèrent à l'établissement d'une monarchie parlementaire. L'Église y perdait son monopole religieux. Le Vatican dût s'adapter aux réalités nouvelles et signa, en 1976 et 1979, non pas des concordats mais des conventions avec l'Espagne. Ceci s'inscrit dans un courant qui, depuis une vingtaine d'années, voit les concordats faire place à des conventions (Italie, 1984), moins solennelles mais jouant un rôle équivalent.

Des concordats qui assuraient à l'Église catholique une autonomie par rapport au prince, on est passé à des concordats qui assurent et officialisent l'influence de l'Église dans les États. Les concordats permettent au Vatican non seulement de jouer un rôle actif en politique internationale, il lui permet également d'assurer le respect de la centralisation ecclésiale. Ce n'est pas l'Église nationale qui signe un concordat, c'est Rome. Le Vatican ne peut plus exiger que le catholicisme soit la religion d'État mais obtient que la nature supra-étatique de la religion soit reconnue. Les États obtiennent un droit de regard dans la nomination des chefs de l'Église nationale et cherchent à étendre les pratiques du concordat aux confessions non soumises à des traités internationaux, ce qui permet de contenter l'électorat catholique sans antagoniser les fidèles des autres religions.

Le concordat est la forme la plus visible du rôle international du Vatican. Il en existe d'autres pour faire avancer les intérêts du Vatican et exprimer ses choix politiques. La subtilité est que les décisions politiques sont présentées comme étant religieuses. La phraséologie utilisée est souvent absconse et toute critique de la politique vaticane prise pour une critique de la religion catholique.

Le laps de temps qui s'écoule entre les changements de frontières internationales et les changements des tracés des diocèses fournit un bon indice du degré d'acceptation des nouvelles frontières par le Vatican.

On comprend mieux que Berlin-Est et Varsovie aient suivi de près les nominations et les cartes des diocèses le long de la ligne Oder-Neisse (frontière entre l'ancienne République démocratique allemande et la Pologne).

La nomination des nonces, archevêques accrédités comme ambassadeurs du Vatican auprès des États, permet également de jouer sur les deux gammes, religieuse et politique. Par contre le Vatican refuse que ses interlocuteurs en fassent de même. Lors de l'établissement de relations diplomatiques entre le Vatican et Israël, le Vatican a fait savoir qu'il refuserait d'accréditer un diplomate israélien de carrière qui avait fait des études religieuses et obtenu le titre de rabbin mais n'avait pas exercé le rabbinat. Une telle nomination aurait donné une dimension religieuse, entre judaïsme et catholicisme, à un accord entre deux États. Cette dimension, présente à l'esprit des deux parties et de tous les observateurs, a été officiellement récusée par le Vatican.

Toujours au Proche-Orient, la politique vaticane se manifeste à plusieurs niveaux. Le Vatican est un promoteur de l'idée d'un statut international pour Jérusalem, statut qui lui donnerait un rôle important. Cette proposition, qui date des discussions à la Société des Nations et à l'Organisation des Nations Unies sur le sort du mandat britannique sur la Palestine, a été repoussée par les premiers intéressés arabes et juifs. Le cessez-le-feu de 1949 voyait une ville coupée en deux, la Vieille Ville et ses Lieux saints se trouvant du côté jordanien. Pendant les quelque vingt années suivantes, le Vatican n'a plus évoqué un statut séparé pour Jérusalem. Ce statut a refait surface à partir de 1967, après qu'Israël ait étendu sa souveraineté sur l'ensemble de Jérusalem. A l'automne 1998, le Vatican qui n'avait dit mot lorsque la Jordanie détruisait systématiquement les synagogues de la

Vieille Ville, a évoqué la liberté religieuse pour s'opposer à la souveraineté israélienne sur Jérusalem. Pour rendre le message plus clair, le pape embrasse publiquement Arafat. Moins connu mais significatif, ce sont des modifications dans les institutions de l'Église. Des quatre patriarcats latins créés en Orient à l'époque des croisades, trois ont été supprimés en 1966 et celui de Jérusalem, maintenu, qui avait été traditionnellement occupé par un prélat italien, a aujourd'hui comme titulaire, pour la première fois, un évêque arabe, Michel Sabbah.

Ces quelques exemples ne signifient pas que le Vatican ne se laisse pas influencer par les États. Le Bras, conseiller pour les affaires ecclésiastiques du Quai d'Orsay après la guerre, nous apprend qu'avant de nommer un nouvel évêque, le Saint-Siège soumet le nom à l'agrément du gouvernement français et, qu'en cas de refus, il présente une autre nomination[1].

Le même Vatican n'hésite pas à entrer dans des alliances qui peuvent paraître surprenantes. Pour des raisons théologiques, l'Église catholique romaine s'oppose à l'avortement et au contrôle des naissances. Cela se traduit dans les politiques internes des États par des pressions pour que la législation s'inspire de l'Église. Dans les conférences internationales, elle passe le flambeau au Vatican qui s'entend avec des dictatures, en particulier musulmanes et où les chrétiens sont opprimés, dictatures qui ont le mérite de s'opposer à la planification des naissances qu'elles perçoivent comme un complot impérialiste.

Grâce au Vatican, l'Église catholique romaine est la seule Église qui puisse jouer un rôle officiel à la fois religieux, au nom de la foi, et politique, au nom des intérêts d'ici-bas. Cette dichotomie trouble plu-

1. Gabriel Le Bras, *Forces religieuses et attitudes politiques dans la France contemporaine*, Paris, 1963.

sieurs fidèles. Elle n'est pas limitée à l'arène internationale mais se trouve également dans les sociétés nationales. L'*Opus Dei* en fournit un exemple. L'*Opus Dei* et la Société sacerdotale de la Sainte-Croix ont été créés en 1928 par José Maria Escriva de Balaguer. Devenu « Institut séculier de droit pontifical » depuis 1947, puis « prélature personnelle » en 1982, il est en même temps un organisme religieux, comparable à un ordre avec ses membres qui ont prononcé des vœux, et un groupe qui cherche le pouvoir économique et politique. Malgré les critiques dont il est l'objet, un procès de béatification de Balaguer a été ouvert en 1981. Il nous paraît être la réponse inspirée par le capitalisme et la quête de pouvoir à la théologie de la libération, inspirée par le socialisme et la quête de révolution. Argent, pouvoir, foi sont tellement liés qu'il devient difficile de déterminer l'ordre de priorités. L'*Opus Dei* est-il une aberration ou un cas, poussé à l'extrême, de confusion entre pouvoir politique et économique et salut des âmes.

## III. — **Un nouveau venu : la Conférence islamique**

L'Organisation de la Conférence islamique n'est pas une organisation religieuse musulmane créée par les mosquées, comme le Conseil œcuménique des églises l'a été par des églises, mais une organisation internationale d'États musulmans. La Conférence islamique a vu le jour à Rabat, le 25 septembre 1969, lors d'une rencontre de chefs d'États et de gouvernements musulmans tenue à la suite d'un incendie criminel à la mosquée d'Al-Aqsa à Jérusalem le 21 avril 1969. Que l'incendiaire, citoyen australien, ait été arrêté et condamné par les tribunaux israéliens n'a pas empêché les leaders réunis à Rabat d'y voir une attaque organisée par Israël. Après avoir condamné Israël, les hommes politiques musulmans ont décidé de créer une Organisation internationale qui donnerait une forme politique moderne au rêve de la *Ummah*, la nation islamique qui englobe tous les croyants.

De 25 à l'origine, le nombre d'États membres dépasse aujourd'hui la cinquantaine. Les États fondateurs comprennent tous les pays de la Ligue arabe y compris l'État de Palestine, des pays africains comme la Guinée, le Mali et le Niger et des pays asiatiques comme l'Afghanistan, l'Indonésie, l'Iran et le Pakistan. Les États qui sont devenus membres par la suite se recrutent essentiellement en Afrique mais aussi parmi les anciennes républiques musulmanes d'URSS devenues indépendantes (Azerbaïdjan, Kazakstan, Kyrghistan, Tajikistan, Turkmenistan et Uzbekistan) et, pour la première fois, en Europe (Albanie et Bosnie-Herzégovine). Il est à noter que parmi les États fondateurs se trouve la Turquie laïque.

La composition de la Conférence islamique nous montre que les États dont la population est massivement musulmane sont tous membres de la Conférence islamique. Ceux à population mixte suivent deux approches. Si les Musulmans forment les couches supérieures de la société, contrôlent l'État, comme au Soudan, l'État est membre de la CI ; si, au contraire, les Musulmans sont en situation d'infériorité numérique et politique, l'État n'est pas membre même s'il en fait la demande. Israël a une minorité musulmane qui constitue 15 % de la population ; il n'est cependant pas question qu'il fasse partie de la CI. L'Inde, avec une minorité musulmane qui dépasse 120 millions, soit plus que la population musulmane de l'ensemble des États du Proche-Orient, a fait des approches à la CI qui a répondu par une fin de non-recevoir. Le Nigeria, avec 45 % de musulmans, 45 % de chrétiens et 10 % d'autres, est membre depuis 1986. Ce n'est pas le nombre qui l'emporte mais le contrôle de l'État.

La charte de la Conférence islamique prévoit des objectifs très généraux, comme la solidarité religieuse, la coopération dans les domaines économique, social, culturel et scientifique, la paix, la sécurité et la justice, la coopération entre États membres et entre ceux-ci et les pays tiers mais également des objectifs plus originaux et d'application difficile, comme l'élimination du racisme, de la discrimination et du colonialisme et « l'appui à la lutte de tous les peuples musulmans pour leur dignité, leur indépendance et leurs droits nationaux ». Alors que des structures ont été mises sur pied pour favoriser la coopération économique, scientifique ou culturelle, la CI n'en a pas créé pour lutter contre le racisme. C'est qu'avec la coutume de l'esclavage encore en vigueur dans les faits dans des pays comme l'Arabie saoudite et la Mauritanie, les maîtres étant arabo-musulmans et les esclaves noirs, avec la guerre civile qui fait rage au Soudan entre le Nord blanc et musulman et le Sud noir chrétien et animiste, il aurait été délicat d'évoquer la lutte contre le racisme.

Encore plus délicate est la notion implicite que toutes les populations musulmanes ont droit à la dignité – ce qui va de soi – à l'indépendance et aux droits nationaux – à distinguer des droits religieux –, ce qui n'est pas évident. Si tel est le cas, des musulmans de l'Inde qui demanderaient à se séparer de l'État ou qui prendraient les armes dans ce but, devraient recevoir l'appui de la Conférence islamique. Une situation semblable existe aux Philippines où des populations musulmanes ont lancé des opérations de guérilla pour obtenir leur indépendance de Manille. La CI a créé un Comité sur les musulmans des Philippines.

La Conférence islamique reflète à la fois le désir de voir se renforcer la *Ummah*, ce que souhaitent les musulmans, et la volonté d'utiliser la religion pour renforcer les pouvoirs établis, ce que souhaitent les dirigeants politiques. Dirigeants et dirigés sont guidés par l'histoire, ou tout au moins certains épisodes, comme la disparition totale du christianisme en Afrique du Nord après la conquête musulmane.

Si la religion l'emportait sur le politique, les groupements d'États suivant une certaine religion devraient présenter une approche commune aux relations internationales. C'est loin d'être le cas. Le rêve de la *Ummah*, de la nation musulmane continue à vivre ; il est assez vivace pour pousser des États laïcs à devenir membre de la Conférence islamique ; il n'empêche pas des divisions profondes quand ce n'est des guerres. La guerre entre le Yémen du Nord et le Yémen du Sud, appuyés par l'Égypte et l'Arabie saoudite, a mis aux prises des membres de la CI. L'occupation du Koweit par l'Irak puis la guerre du Golfe ont vu des États membres de la CI utiliser la force entre eux. Une des guerres récentes les plus meurtrières a opposé deux États musulmans membres de la CI, l'Irak et l'Iran. Pendant cette guerre, l'islam a été utilisé comme moyen de démantèlement de l'État ennemi. Téhéran a essayé de jouer la carte chiite et a appelé les Chiites irakiens à abandonner Bagdad pour rejoindre les rangs de la République islamique.

Plus intéressante est l'attitude des États musulmans laïcs, ce qui semble une contradiction dans les termes. La Turquie est un État laïc, non arabe, à majorité musulmane. Sa laïcité n'a pas été un obstacle à sa participation à la Conférence islamique, la Turquie y gagnant des liens avec les États du Proche-Orient et plusieurs pays du Tiers Monde, la CI y gagnant un État à forte population proche de l'Occident (OTAN). Lors de sa Conférence de décembre 1997 à Téhéran, les délégués ont reproché à la Turquie ses liens de plus en plus étroits avec Israël. Suleyman Demivel, le Président turc, a réagi en quittant la conférence avec une journée d'avance puis, pour témoigner du peu de cas que fait un État membre des déclarations de la CI, la Turquie a annoncé... la tenue de manœuvres navales avec Israël et les États-Unis.

Les six États d'Asie, issus des républiques musulmanes soviétiques, tous membres de la CI, apportent une contribution originale aux relations entre religion – dans ce cas l'islam – et politique internationale. Comme d'autres sociétés dominées, elles ont eu recours à la religion pour défendre leurs identités nationales contre Moscou, la pratique religieuse rappelant celle des catholiques polonais à la même époque. On aurait pu s'attendre à ce que, sous les pressions de la République islamique d'Iran toute proche, ces États suivent une politique islamiste virulente. Or, s'ils sont sensibles aux messages de Téhéran, ils sont également influencés, pour des raisons d'ordre historique et linguistique, par la Turquie qui leur offre le modèle d'une population musulmane et d'un État laïc. Bien plus, ils entretiennent de bonnes relations avec Israël qu'ils considèrent comme un exemple de développement économique et social. Ces États, qui maintiennent un équilibre entre Téhéran, Ankara et Jérusalem, utilisent l'islam comme ciment de la société et des politiques non religieuses pour la promotion de leurs intérêts nationaux.

Alors que la Conférence islamique est au service des États, le fondamentalisme musulman est une nébuleuse comprenant plusieurs groupes (Jihad islamique, Hamas, etc.) qui ne s'embarrassent pas de subtilités politiques. Le point commun à tous les groupes qui participent au fondamentalisme musulman est l'opposition sinon la haine que suscitent les valeurs non musulmanes, surtout les valeurs occidentales et démocratiques. Dans cette optique, l'ancienne Union soviétique faisait partie du monde occidental. Les objectifs sont à la fois les politiques internes des pays musulmans et la politique internationale. A l'intérieur, il s'agit d'imposer la *shariah*, le Code religieux musulman, par la force s'il le faut, et de renverser les régimes jugés décadents. En politique internationale, il s'agit de lutter contre les infidèles, surtout les chrétiens et les juifs, là où les religions sont en contact.

Que la religion soit utilisée pour justifier la violence n'est pas un phénomène nouveau. Par contre le silence des autorités religieuses musulmanes – organisées sur un modèle décentralisé – laisse le champ libre aux extrémistes et contribue à créer une image négative de l'islam. Ce silence révèle un vide au niveau du leadership religieux des diverses branches de l'islam.

## IV. — **Religion : facteur autonome de la politique internationale ou porte-parole des États ?**

Par définition, toute intervention religieuse sur la scène internationale est politique. La question se pose néanmoins du rôle de la religion : est-elle un facteur autonome de la politique internationale ou est-elle un porte-parole des États ?

Le nom même des organisations internationales liées à la religion nous fournit une première indication : le Conseil œcuménique des Églises est un regroupement d'institutions religieuses alors que l'Organisation de la Conférence islamique est un regroupement d'États.

Dans le cas du COE, une distinction s'impose entre les Églises protestantes et les Églises autocéphales. Ces dernières, présentes surtout en Europe de l'Est et au Proche-Orient, sont toutes liées au pouvoir temporel, même lorsque celui-ci est officiellement athée et antireligieux. Cela a été le cas dans l'ancienne URSS où les Églises autocéphales étaient tolérées, leurs leaders acceptés sinon choisis par les gouvernements, leurs prises de position conformes aux *desiderata* de Moscou. Dans les démocraties occidentales les représentants des Églises au COE sont généralement plus à gauche, plus progressiste, plus tiers-mondiste que les fidèles. La conjonction de ces deux courants a donné un discours général très critique de l'Occident mais muet sur l'URSS et les dictatures du Tiers Monde.

Conseil œcuménique des Églises et Conférence islamique semblent reprendre en termes politiques modernes les vieux conflits théologiques. Le cas de leur perception d'Israël est éloquent. COE et CI blâment régulièrement Israël et les deux sont indifférents à toute attaque contre Israël et, bien plus, à toute attaque contre le peuple juif. Ils n'ont jamais condamné l'antisémitisme d'État, que ce soit dans l'ancienne URSS et quelques-uns de ses satellites ou dans certains États arabes. Tout comme christianisme et islam se considéraient comme supérieurs au judaïsme, COE et CI se considèrent comme moralement supérieurs à Israël. Le discours politique anti-israélien de ces deux organisations ne peut que rappeler le discours religieux anti-judaïque d'antan.

Le rôle de la religion en politique internationale présente un paradoxe. D'un côté, elle est utilisée sinon manipulée par des États, heureux de trouver une justification théologique à leurs appétits de puissance, d'un autre côté, elle constitue une force qui sape l'autorité des États. Les exemples ne manquent pas. Nous en retiendrons deux, celui des relations entre arabisme et islam et celui des relations entre certains groupes religieux et Israël.

Le nationalisme arabe, quelquefois appelé panarabisme, remonte au début du siècle, dans un Empire ottoman en déclin. Il travaillait, à partir des notions de peuple et de langue arabes, à la constitution d'un grand État arabe indépendant. Il est symptomatique que les pères du mouvement national arabe étaient essentiellement des Arabes chrétiens qui voyaient dans ce nationalisme laïc une façon de se faire pardonner leur christianisme. Dans cette vision, l'appartenance au peuple arabe l'emportait sur l'allégeance religieuse musulmane. Issu de la fusion du Parti de la résurrection arabe et du Parti socialiste arabe en 1952, le Parti *Baath*, dont l'idéologue était Michel Aflaq, voulait donner une dimension superétatique aux divers régimes politiques arabes établis après la Seconde Guerre mondiale. Les régions où existait une conscience historique nationale, comme l'Irak et la Syrie, étaient particulièrement visées. C'était la version arabe laïque de l'éveil des nationalités, le rêve d'un grand État qui transcenderait les particularismes locaux et religieux. L'éphémère République arabe unie qui a regroupé Égypte et Syrie de 1958 à 1961 répondait à cette idéologie. La réalité, à savoir les distinctions entre groupes et entre religions, a rendu le rêve irréalisable. D'une part, les États arabes, tout en partageant certaines caractéristiques, tout en participant à la Ligue arabe, ont mis de l'avant leurs intérêts nationaux particuliers, rejoignant en cela les autres États. D'autre part, devant la montée des revendications, les difficultés internes et externes, ils ont rapidement eu recours à l'islam.

Ainsi le gouvernement Saddam Hussein, issu du *Baath*, a utilisé des arguments religieux dans sa guerre avec l'Iran puis dans la guerre du Golfe, Hussein prenant soin d'invoquer Allah dans ses discours à la nation et de s'entourer de symboles religieux. Ainsi l'Organisation de libération de la Palestine qui, dans les années 1970, parlait d'une Palestine laïque où toutes les religions seraient égales, n'utilise plus que des symboles musulmans : mosquée du Dôme à Jérusalem devenue le logo omniprésent sur les documents officiels, les timbres, la chaîne de télévision, etc., allusions au Coran et invocations à Allah dans les discours d'Arafat... Du nationalisme arabe laïc, il reste une identité musulmane, les chrétiens choisissant l'exil. L'islam sert à la fois de paravent aux régimes en place – attaquer le pouvoir, c'est attaquer la religion – et de motivation à ceux qui veulent les renverser – obéir au pouvoir, c'est désobéir à Dieu. Que l'islam joue un rôle important dans la conscience populaire des États arabes ne signifie pas qu'il détermine la politique de ces États.

Pas moins paradoxal est le rôle de certaines religions en ce qui concerne Israël. On pourrait s'attendre à ce que les synagogues lui soient favorables et les églises défavorables. On a vu le contraire se produire. Les temples juifs réformés des États-Unis, lorsqu'ils ont un discours critique d'Israël, le font en fonction d'idéaux laïques occidentaux sans lien évident avec le judaïsme. Ils parlent de pluralisme religieux intra-juif (reconnaissance des conversions réformées en Israël), de processus de paix sans aucune référence au droit du peuple juif sur la Terre d'Israël, se déclarent en faveur de l'abandon des Lieux saints juifs, de l'avortement... Pendant ce temps, des églises évangéliques expriment un soutien à Israël au nom d'une interprétation religieuse des événements internationaux. Les prophéties bibliques prédisent le retour du peuple juif sur sa terre, ce retour est un prélude à la Seconde venue du Christ, supporter Israël est donc faire œuvre pie pour un chrétien. Quels que soient les aléas de la politique internationale, Israël comme État est indispensable au Salut. Lors d'une visite du Premier ministre d'Israël aux États-Unis en 1997, Netanyahou a été boudé par des Juifs réformés et acclamé par des chrétiens évangéliques. Ces réactions sont analysées par les stratèges du Département d'État lorsqu'ils essayent de déterminer le soutien des diverses composantes de l'électorat aux politiques internationales des États-Unis.

Dans un système international largement dominé par les États, le rôle des religions est à la fois réel et limité. On est loin du temps où Staline s'interrogeait sur le nombre de divisions armées du Vatican mais il faut éviter la tentation inverse de voir le Vatican partout comme dans l'expression *Europe vaticane*. A la notable exception de l'Église catholique, aucune confession majeure n'a un chef incontesté. Il n'y a pas, et pour cause, de « pape » protestant, juif, bouddhiste, musulman ou autre. Il y a des grands courants religieux, le plus souvent divisés en Églises qui, elles-mêmes, se subdivisent en tendances. Même l'Église catholique comprend des tendances aussi opposées que l'*Opus Dei* et la théologie de la libération. Les religions peuvent changer un régime politique (Iran) mais on les voit mal changer l'ordre international. La Conférence islamique peut lancer des appels aux émotions populaires, et ne se gêne pas pour le faire, mais quand il s'agit de passer aux actes, ce sont les États qui prennent la relève. Dans leur conflit sur le Cachemire, Inde et Pakistan font appel à la religion mais si les deux États signaient un traité de paix, ils ordonneraient à leurs chefs religieux respectifs de formuler une justification théologique de la nouvelle politique.

Dans l'arène internationale, nombreux sont les acteurs non étatiques qui interviennent. On pense aux entreprises multinationales. D'autres organisations, qu'elles soient syndicales, féminines, écologistes... se font également entendre, réussissent quelquefois à modifier la politique d'un pays mais, si elles veulent avoir un impact international, doivent passer par l'intermédiaire des États. Les religions, plus anciennes, plus enracinées, plus habituées à participer aux affaires de la Cité ont créé des groupes internationaux mais leur rôle en politique international est, au plus, incitatif et non pas décisionnel.

Un développement récent témoigne de l'importance des questions religieuses tant en politique intérieure qu'en politique internationale et pourrait donner naissance à une nouvelle façon pour les religions d'intervenir dans le système international. Divers groupes religieux ont réussi, après des années d'effort, à faire voter par le Congrès américain l'*International Religious Freedom Act*. Cette loi d'octobre 1998 crée un poste d'ambassadeur pour les libertés religieuses internationales, un conseil consultatif pour suivre les dossiers de violations des droits religieux et prévoit des sanctions contre les pays qui violent la liberté religieuse de leurs habitants. Cette nouveauté est révélatrice à plus d'un titre : elle rappelle le rôle des religions dans la vie politique américaine et leur capacité à unir leurs forces pour faire pression sur les instances politiques, elle utilise la puissance des États-Unis au service de la liberté religieuse dans des États tiers – ce qui a donné lieu à des débats entre les politiciens des deux grands partis qui ont voté la Loi et les dirigeants politiques et les fonctionnaires du State Department fidèles au Real Politik et qui estiment que les considérations humanitaires limitent leur marge de manœuvre –, enfin et surtout elle provoquera des causes célèbres où les intérêts économiques et politiques de l'État seront assujettis, si la Loi est appliquée, au respect de la liberté religieuse dans d'autres États. Cette loi officialise, s'il en était besoin, le rôle de la religion en politique internationale. Une bonne lecture de la situation politique peut permettre aux religions, par l'intermédiaire des États, d'offrir une protection aux groupes religieux persécutés.

# CONCLUSION

L'homme vit dans des systèmes dominés par des hommes, par des dieux ou par les deux. La domination des premiers est questionnée par la remise en cause des politiques, du système décisionnel public, des idéologies, des raisons d'être de l'État. Celle des seconds est questionnée par la remise en cause des religions, des croyances, des rites. Cette impression de flou est-elle la conséquence d'une situation exceptionnelle ou la formulation contemporaine d'un problème que l'homme se pose depuis des temps immémoriaux ? La science politique devrait nous aider à mieux comprendre le type de rapport entre politique et religion, à mieux distinguer entre les relations d'intérêt, où chacun peut assez facilement trouver son compte, et les relations de légitimité, où les positions sont plus tranchées. Est-ce le cas ?

## I. — Science politique et religion

La science politique dont l'objectif est d'analyser le fonctionnement de la société et les relations de pouvoir traite la religion en parent pauvre. Ce n'est pas le fruit du hasard mais d'un choix. La formation en science politique, telle qu'elle est offerte dans les universités occidentales, présente quelques nuances mais un certain nombre de thèmes en composent le noyau dur omniprésent : analyse politique, rôle de l'État, partis politiques, idéologies, administration publique, relations internationales, etc. La religion en est souvent absente. Si, par exemple, la London School of

Economics and Political Science offre un séminaire de maîtrise « Religion et politique », les Instituts d'études politiques de France n'abordent le sujet qu'en le limitant à une tradition religieuse ou à une région du monde, comme les cours « Sociologie politique du catholicisme », « Sociologie politique de l'Islam et des sociétés musulmanes contemporaines » à l'IEP de Paris et « Religion et politique en Asie du Sud-Est » à l'IEP de Lyon. Aux États-Unis, un nombre infime d'universités enseignent « Religion et politique » avec une approche globale (Syracuse, Temple à Philadelphie). Quelques universités traitent du sujet mais le réduisent en termes de religion (« Politique et christianisme » à la California State University de Fresno, « Political Islam Fundamentalism » à Washington) ou d'espaces géographiques (États-Unis à l'Université d'Oklahoma et à Berkeley, Europe occidentale à Harvard et à Boston College). Des grandes universités américaines, une seule, Princeton, offre un cours « The Sacred and the Political » qui englobe plusieurs religions et plusieurs systèmes politiques. La même tendance se retrouve au Canada. De seize universités que nous y avons retenues, dont cinq au Québec, une seule a un cours de premier cycle de science politique intitulé « Politique et Religion » (Concordia à Montréal) et une autre prévoit un cours « Religion, société et politique » pour 1999 et ce à la demande du département de sciences religieuses (Université du Québec à Montréal). Plusieurs des quatorze autres universités offrent des cours sur des sujets comme « Sports et politique » (Dalhousie à Halifax) ou « Politiques sexuelles » (Université de Toronto), ce qui est politiquement correct, mais n'ont que faire de la religion, ce qui est scientifiquement borné.

Les relations entre politique et religion sont un élément essentiel tant de la vie politique que de la vie religieuse. Elles prêtent souvent à confusion car les circonstances et les situations ont tellement changé qu'il nous est difficile de les saisir. La compagnie de Jésus, admirée et redoutée, est un modèle de concurrence entre politique et religion. Créée avec un objectif clair, assurer la Contre-Réforme en constituant un groupe de cadres compétents et dévoués, au service de l'Église catholique et de son chef, elle n'en a pas moins subi, au cours des deux derniers siècles, quelque trente expulsions, y compris d'États catholiques. Il s'est moins agi de théologie que de pouvoir. Dans une Amérique du Sud que se disputaient Espagne et Portugal, les Jésuites ont organisé des « réductions », territoires autonomes du Paraguay pour les populations indiennes où ni les Espagnols ni les Portugais n'avaient le droit d'entrer. Les zones indiennes, sous la houlette des Jésuites, faisaient de l'Église et de ses représentants jésuites un concurrent redoutable aux aspirations coloniales européennes. Lorsque les puissances ont attaqué les « réductions », et subi des revers, leur réponse a été rapide : expulsion des Jésuites du Portugal (1759) et d'Espagne (1767).

Plus près de nous, la Constitution fédérale suisse (1848 et 1874) interdisait l'établissement en Suisse des Jésuites (art. 51). Cette interdiction a empêché la Suisse de ratifier la Convention européenne pour la sauvegarde des droits de l'homme. Ce n'est qu'après un référendum de 1973 que l'interdiction a été levée. Des résidus de vieux conflits politico-religieux étaient devenus des obstacles à la politique internationale d'un État moderne. Ce qui retient notre attention n'est pas une évaluation du rôle des Jésuites mais du rôle de la religion en politique. Un ordre aux ambitions politiques – former les dirigeants des États – et au service du pape ne peut qu'entrer en conflit avec les groupes de la société qui ont une vision différente et qui, même s'ils sont catholiques, ont des tendances gallicanes. Le conflit ne met pas seulement aux prises religieux et laïcs mais les religieux entre eux. Le fait d'entrer en politique après être entré en religion ne peut que susciter des oppositions. Les ordres contemplatifs qui se retirent du monde, et donc du politique, laissent, eux, les pouvoirs publics indifférents à moins d'un laïcisme militant hostile à toute forme d'expression publique de la religion. Ce que nombre d'États craignent est l'influence d'un groupe bien organisé dont l'allégeance est non seulement à une autorité morale transcendante, donc au-dessus de l'État, mais également à un leader étranger, dans ce cas le pape.

Que de telles questions ne soulèvent qu'un intérêt restreint parmi les spécialistes de science politique témoignent des lacunes de la formation dans cette discipline.

## II. — La politique et la religion : une question d'intérêt

Dirigeants politiques et dirigeants religieux sont confrontés à un problème similaire : assurer la gestion de leurs institutions respectives. Indépendamment de toute référence à la légitimité, à la source du pouvoir, aux valeurs ou aux idéologies, ils doivent se rendre à l'évidence que l'autre existe. La pression des réalités les amène donc, dans la majorité des cas, à cohabiter.

Les Églises, nous l'avons vu, sont condamnées à se conduire en groupes de pression. Si elles ne le faisaient pas, elles ressembleraient plus à des fois désincarnées qu'à des organismes vivants. Les États, dont le rôle est essentiel en politique, veulent gérer la société de façon consensuelle (démocratie) ou au moins tolérable par la population (régimes autoritaires). Certains n'hésitent pas à manipuler la religion. Aucun, même parmi ceux qui s'affirment le plus neutre, ne peut être indifférent à une dimension de la vie en société. Tenir compte de la religion n'est pas une question de principe mais de pragmatisme. C'est un moyen soit de se faire élire ou réélire, soit de ne pas se faire contester. La politique et la religion établissent alors des relations de bon voisinage.

Le cas de la France est probant. D'un conflit idéologique qui a traîné un siècle entre la République et l'Église, on est passé à une situation où les deux essayent de maximiser les retombées positives des décisions publiques pour leurs institutions. Les subventions aux écoles libres permettent à l'État de répondre à certaines demandes de l'Église et à celle-ci de participer au consensus sociétal. La célébration de grandes dates de l'histoire de France, dates liées au catholicisme, voit une collaboration *de facto* entre instances religieuses et instances politiques.

Quasi universel, à commencer par les États officiellement laïcs, est l'acceptation allant souvent jusqu'à la prise en charge financière de services d'aumônerie dans des institutions publiques spécifiques (armée, prisons, et quelquefois dans d'autres comme les hôpitaux, les résidences pour personnes âgées...). L'idée sous-jacente d'un tel système est d'améliorer le moral (et pourquoi pas ? la morale) des soldats et des prisonniers, ce qui facilite la tâche des autorités publiques. De leur côté, les Églises y gagnent l'accès à des milieux clos. Les services d'aumônerie militaire sont surtout actifs dans les zones d'occupation et les zones de combat (Allemagne, Algérie pour la France, Allemagne, Japon, Corée et Vietnam pour les États-Unis). Si les soldats des diverses confessions en sont les bénéficiaires, l'image de l'État et de son armée en profite également : l'amour de la patrie transcende les appartenances religieuses. Cette image va du portrait du rabbin Bloch tué par un obus lors de la Première Guerre mondiale alors qu'il présentait un crucifix à un soldat mourant qui l'avait pris pour un curé jusqu'aux obsèques des combattants tombés au champ d'honneur où se mêlent rites militaires et rites religieux. Moins porteurs d'héroïsme sont les autres services d'aumônerie qui visent des groupes en situation d'infériorité (prisonniers, malades). Les services d'aumônerie dans les établissements scolaires sont exclus de cette nomenclature. Des États farouchement laïcs, comme la France et les États-Unis, qui ne veulent pas d'ecclésiastiques dans leurs écoles publiques, les invitent dans les prisons et les forces armées. Il est symptomatique que l'aumônerie ne provoque plus guère de débats sur la nature de l'État ou le rôle de la religion. C'est qu'elle répond à ce que politique et religion considèrent être de leur intérêt.

Dans les sociétés libres, l'État n'exerce qu'à bon escient son monopole de la violence légitime et les Églises jouent un rôle respecté mais non coercitif. Les deux suivent des règles du jeu informelles. Il est de leur intérêt de s'entendre, chacun ayant avantage à rendre les meilleurs services possibles à la population. Dans les cas où les positions divergent, par exemple la législation sur l'avortement, il est normal que les Églises cherchent à faire valoir leurs points de vue – une Église qui se tairait devant une politique qu'elle juge mauvaise abdiquerait sa responsabilité – et il est tout aussi normal que les États y prêtent attention. Les Églises savent que d'autres groupes font pression sur les gouvernements. Par le biais d'un mélange de rencontres discrètes, d'appels à l'opinion publique, d'alliances avec d'autres acteurs de la vie sociale, les Églises essayent d'influencer les pouvoirs publics. Les décideurs publics, de leur côté, consultent les divers groupes de la société, y compris les Églises, et prennent en considération leurs souhaits avant de faire un choix au nom de l'intérêt général. Même si la décision va à l'encontre des demandes religieuses, les dirigeants politiques la présentent de façon telle qu'elle maintienne ouverts les canaux de communication.

Les institutions ont mauvaise presse. Après nous avoir annoncé la mort de Dieu, ce qui ne paraît pas l'avoir affecté outre mesure, on nous affirme que les Églises ne répondent plus aux attentes des croyants. On nous annonce aujourd'hui que, sous la pression conjuguée de la mondialisation, de la globalisation, de la monté des régions, l'État est menacé de désuétude. La devise anarchiste « Ni Dieu, ni maître » serait-elle devenue la réalité « ni Église, ni État » ? Que l'autorité des institutions, quelles qu'elles soient, État, Église, patronat, syndicalisme..., soit questionnée est un phénomène aisément observable. Que ce questionnement soit le signal avant-coureur de leur disparition nous paraît abusif. Ces mêmes États et ces mêmes Églises ont déjà connu des crises, en connaîtront d'autres, et continueront à s'adapter, plus ou moins rapidement, aux besoins des hommes et des sociétés. Par contre, surtout dans les sociétés démocratiques, État et Église ont renoncé à leur monopole idéologique et pratique, l'Église ne se donnant plus le droit de régenter la politique, l'État de marginaliser l'Église. Le succès de l'un n'est plus la défaite de l'autre. Sauf exception, les deux recherchent le consensus car il les aide dans leur gestion. Les relations entre la religion et la politique était autrefois une source de querelles idéologiques et de délimitation de fiefs. Elles sont de nos jours souvent marquées du sceau du pragmatisme. Quant est-il de la légitimité ?

## III. — **La religion et le politique : une question de légitimité**

Les religions ont des perceptions très différentes, les unes des autres, de ce qu'est le politique en général et l'État en particulier. Quelles que soient leurs approches théologiques, elles ont fini par reconnaître l'existence sinon du politique comme concept indépendant du religieux, du moins des États comme réalités concrètes. Le cheminement n'a pas toujours été facile, les religions ayant tendance à projeter une vision globale du monde et à tolérer plutôt qu'à accepter la concurrence d'une vision politique. L'État est-il légitime ?

La réponse du judaïsme s'inspire d'un principe du Talmud, *Dina de Malchouta Dina*, la Loi du pays est la Loi ; sa formulation indique que l'État peut imposer l'obéissance à ses sujets, ce qui lui confère un cachet de légitimité. Dans l'Israël biblique, le système politique était décentralisé et un mélange de souveraineté divine et de proto-démocratie. L'établissement de la monarchie, demandé par les Hébreux contre la volonté de Samuel, est considéré comme un pis-aller plutôt qu'un idéal. Dans les pays de la Diaspora, les États sont investis d'une autorité morale. Leur pouvoir n'est pas absolu, car ils doivent respecter les valeurs morales fondamentales et ne pas imposer des violations directes du Judaïsme. Mais même les États aux politiques moralement douteuses inspirent le respect car « sans la crainte du souverain, les hommes se mangeraient vivants »[1]. Ce respect se manifeste dans l'office du Sabbat où une prière demande à Dieu de bénir l'État et le souverain. L'État n'est pas sacralisé, il est un moyen indispensable pour prévenir l'anarchie.

Pour le catholicisme, l'expression bien connue « Rendez à César ce qui appartient à César, et à Dieu ce qui appartient à Dieu »[2], a été interprétée par l'Église de façon différente selon les époques. Grégoire VII, qui affirmait le droit du pape de déposer les souverains, indiquait par là même que le politique est tributaire du religieux, que la légitimité réside dans l'Église. Le sacre des rois catholiques cherchait à concilier politique et

1. Talmud, Principes des Pères, chap. III, *Mishnah 2.*
2. Matthieu, XXII, 21.

religion, la cérémonie religieuse du sacre donnait une légitimité à l'autorité du souverain. Plus près de nous, le Synode de 1985, dans la lignée de Vatican II, critique le sécularisme mais reconnaît « la légitime autonomie des égalités temporelles ». Cette phraséologie, sans grand enthousiasme, fait de l'État, à nouveau, plus un moyen qu'une finalité. L'État est un élément du plan divin pour l'humanité et non pas un but en soi. Pour être légitime, le politique doit respecter les valeurs morales et, dans le cas des sociétés chrétiennes, respecter le mystère chrétien. La légitimité du politique est conditionnelle.

Les autres chrétiens, n'ayant pas de prétention à l'universalité, peuvent plus facilement accepter que les États aient une autonomie par rapport au religieux. Pour des raisons historiques plus que théologiques, les Églises orthodoxes, confinées à des peuples spécifiques vivant dans des régions spécifiques, ont eu des relations privilégiées avec les pouvoirs publics et reconnu la légitimité du politique. Les orthodoxes qui ont émigré dans d'autres États ont amené avec eux cette attitude de respect pour les États. Les Églises protestantes, plus récentes, moins institutionnalisées ont, elles aussi, établi de bonnes relations avec le politique. Qu'elles puisent leur inspiration dans le nationalisme à la Luther ou l'accommodement avec le pouvoir à la Calvin elles reconnaissent la légitimité du politique. Il est souhaitable mais non pas indispensable que les États respectent un minimum de morale pour être légitimes. Ce n'est que parmi des groupes comme les Témoins de Jéhovah et certaines Églises évangéliques que l'on trouve une méfiance pouvant aller jusqu'au rejet du politique. Si le salut personnel occupe la place centrale dans notre vie, toute activité politique se fait à son détriment. Le politique existe mais moins on a de contact avec lui, meilleur c'est. Certains vont plus loin et récusent la place de l'État dans un monde qui ne devrait être gouverné que par le Verbe. Cette remise en cause de la légitimité de l'État est minoritaire dans le christianisme.

L'islam s'inscrit en faux contre la place qu'accordent à l'État judaïsme et christianisme. L'idéal est l'unité du genre humain, devenu musulman, dont le leader, tout comme le fondateur Mohamed, est à la fois chef religieux et chef politique. Les sunnites voient dans les califes, les souverains musulmans, des chefs qui combinent pouvoir religieux et pouvoir politique. Les chiites sont plus proches de l'idée que le leader religieux est une quasi-réincarnation du Prophète pour son époque, que son autorité politique n'est pas concomitante avec son autorité religieuse mais en découle. La laïcité n'a guère de sens, elle qui nie le caractère religieux du politique. Les divers groupes musulmans s'entendent sur le rôle instrumental réservé à l'État, aucun ne lui accordant une légitimité propre. Si tel est le cas des États musulmans, la non-autonomie des États est encore plus manifeste là où l'islam est minoritaire. Les relations sont à une seule direction : les dirigeants politiques n'ont pas à intervenir dans les questions religieuses, ce qui ne veut pas dire qu'ils ne le font pas, les *oulémas*, eux, sont justifiés d'intervenir dans les affaires de la société et de l'État. Le politique est au service du religieux, il n'a pas de légitimité en dehors du cadre religieux.

Les religions non monothéistes ont une perception fort différente du politique. L'hindouisme, avec ses multiples divinités, son insistance sur le *Veda*, le Savoir, sa conception du *dharma* comme « l'ensemble des relations intelligibles, des "Lois" qui sous-tendent l'univers et l'empêchent de tomber dans le chaos »[1], n'a aucune raison d'accorder un traitement préfé-

1. Michel Hulin et Lakshmi Kapani, L'hindouisme, *in* Jean Delumeau (éd.), *Le fait religieux*, Paris, Fayard, 1993, p. 362.

rentiel à l'État ou même d'essayer de formuler un dogme sur les relations entre religion et politique. Si aucun dieu n'est tout-puissant, aucune valeur n'est absolue. Le relativisme s'impose dans un monde hindou où les relations entre divinités sont plus importantes que les divinités elles-mêmes et les relations entre les castes plus que les castes elles-mêmes. Le politique n'est ni supérieur ni subordonné à la religion mais une des manifestations de la vie. L'absence de distinction tranchée entre sacré et profane entraîne une absence de distinction entre religion et politique. Les deux sont inextricablement liés à la vie multidimensionnelle hindoue. Il n'est pas question pour le politique d'être légitime mais d'être.

Le bouddhisme qui insiste sur la quête de soi de chaque individu, sur une discipline mentale intériorisée, qui n'a pas cherché à créer une Église, qui préfère la béatitude spirituelle aux tentations du monde, ne se préoccupe guère ni du politique, ni de la politique, ni de l'État car ils concernent des réalités extérieures à l'individu. Contrairement aux religions du Livre, avec leurs codes, la *halacha* juive, le *droit canon* catholique, la *shariah* musulmane, le bouddhisme n'a pas de code, donc pas d'instrument d'évaluation des décisions politiques ni de guide des droits et devoirs des détenteurs du pouvoir. Il ne sacralise ni ne rejette l'État. Cette approche semble marquer une indifférence, voire un mépris pour le politique. Elle s'est heurtée aux réalités, ce qui a donné une situation paradoxale : une religion apolitique est devenue un instrument de légitimation de l'État. Birmanie, Sri Lanka, Thaïlande sont des sociétés bouddhistes et ont créé des États, ils ne voient pas de contradiction entre les deux. Il est significatif que Sihanouk souhaite que le bouddhisme redevienne la religion officielle du Cambodge et que les moines ne s'y opposent pas. Le bouddhisme ne livre pas de message sur l'État, il est amené, à son insu, à le légitimer.

Le cas du bouddhisme est révélateur : une religion sans dogme, dont le message s'adresse aux individus et non à la collectivité, est amenée, *volens nolens*, à participer à la vie politique. Que dire des autres religions qui estiment qu'elles constituent le canal privilégié, sinon le seul, permettant l'allégeance à la transcendance et que toute autre allégeance, en particulier au politique et à sa forme étatique leur fait concurrence ? Les religions peuvent vouloir subordonner le politique (islam), le tolérer conditionnellement (catholicisme), le traiter comme inévitable (judaïsme) ou y être indifférent (hindouisme). Il est donc impossible de limiter à un seul le type de relations entre religion et politique. La croyance en une transcendance, commune à toutes les religions, n'entraîne pas une attitude commune face au politique. Par contre, les religions n'ont d'autre choix que d'accepter la politique. Un élément, souvent négligé, est que toute religion et, encore plus, toute Église, existent dans des sociétés et que nous vivons dans un monde qui accorde une place prépondérante à l'État. Même les Églises et les sectes qui récusent l'État, rejettent le politique, fonctionnent inévitablement dans la politique et ne peuvent faire abstraction, pour leur propre survie, de la politique. Inversement, laïcisme et séparation entre l'État et l'Église n'empêchent pas la concurrence entre deux échelles de valeurs, les valeurs civiques qui mettent de l'avant l'intérêt général de la Cité et les valeurs religieuses ou morales – ces dernières le plus souvent d'inspiration religieuse.

Cette concurrence inévitable donne naissance à des conflits majeurs. Elle explique que les États totalitaires soient hostiles aux religions et aux Églises à moins de ne pouvoir les utiliser comme courroies de transmission. Elle explique aussi que les religions totalitaires n'acceptent les États que comme serviteurs des Églises. Dans le premier cas on aboutit à un système politique où non seulement les institutions religieuses mais également les croyances personnelles sont en butte aux attaques de l'État, dans le second à des théocraties où rien n'échappe à l'emprise de la religion dominante. Une théocratie parfaite supposerait une Cité universelle régie par une Église unique. La réalité nous montre une multiplicité d'États au niveau international et la présence d'autres allégeances religieuses au niveau interne, ce qui oblige les théocraties à se poser la même question : comment concilier l'absolu religieux et le relatif politique ?

La démocratie suppose la concurrence donc la légitimité des options politiques, elle suppose également, quelles que soient les particularités nationales, la concurrence donc la légitimité des options religieuses. Liberté politique et liberté religieuse iraient de pair. Cette idée a amené certains à soutenir que le monothéisme n'entre pas dans ce cadre car, selon Rousseau, « il est impossible de vivre en paix avec des gens qu'on croit damnés ». La croyance monothéiste avec l'existence d'un Dieu seul et unique, à l'autorité incontestée et incontestable ne pourrait s'accommoder d'une Cité terrestre où les hommes sont libres de choisir leur religion et où les titulaires de l'autorité publique, loin d'être soumis à la religion le sont aux demandes en perpétuel changement de leurs électeurs. Le monothéisme serait ainsi lié aux partis antidémocratiques et aux guerres de religion. Nous avons déjà évoqué le fait que les partis religieux fonctionnent pour la plupart dans des systèmes démocratiques et qu'ils reconnaissent la légitimité de la démocratie. Les guerres de religion semblent, par contre, marquer l'histoire des sociétés monothéistes : guerres entre catholiques et protestants en Europe, expansion de l'islam par le glaive sans oublier la dimension religieuse du conflit arabo-israélien et de guerres civiles dans l'ancienne Yougoslavie, au Soudan, etc. Ces guerres, qu'on les qualifie ou non de « guerres de religion », ne sont pas spécifiques aux sociétés monothéistes. L'argument peut se retourner : le Panthéon voit plusieurs dieux se faire la guerre, pourquoi les hommes n'en feraient-ils pas de même ? Que la religion ait joué un rôle dans les guerres n'entraîne pas que le monothéisme soit plus prône au recours à la force. Monothéistes, polythéistes, panthéistes ou athées, les sociétés se font la guerre depuis la Grèce antique et Rome jusqu'à la Chine impériale ou populaire, depuis la guerre des Falkland jusqu'au Sud-Est asiatique. Des monothéistes musulmans et polythéistes hindous, qui utilise le plus la violence ?

Cité et religion sont inextricablement liées. Malgré la remise en cause des États par la multiplication des centres de pouvoir infra et supra étatique, l'État n'est pas prêt de disparaître. Malgré la laïcisation, le recul des Églises dans beaucoup de pays, le besoin de transcendance continue de s'exercer. Il peut trouver des substituts dans des cultes (Temple du Soleil), des absolus politiques – encore qu'ils soient moins à la mode qu'il y a une vingtaine d'années –, trouver des succédanés dans l'idolâtrie des vedettes du spectacle et du sport. Les rites religieux peuvent être remplacés par des rites laïcs (Jeux olympiques, Mondial, fêtes nationales avec leurs défilés....). Ces phénomènes de glissement, loin de prouver la fin des religions, témoignent du besoin d'absolu des hommes. Que les États, les religions, les Églises voient leur rôle évoluer, que les manifestations publiques de leur pouvoir et de leur influence présentent des changements ne nous paraît pas être un signe de faiblesse ou de dégénérescence mais, au contraire, de permanence et d'adaptation.

Bonnes ou mauvaises, de bonne ou de mauvaise foi, recherchées ou craintes, les relations entre politique et religion sont inévitables. Chacun de son côté a eu la tentation, et dans certains cas l'a encore, de vouloir fournir des réponses à toutes les questions que l'homme et la société se posent. Le fait même de l'existence concomitante, voire la concurrence entre politique et religion constitue une remise en cause permanente de leur légitimité et de leurs activités. Malgré tous les avatars, toutes les incarnations des deux modèles d'intégration de l'homme au cosmos, la société dans laquelle il vit et la transcendance qui le dépasse, malgré les dérapages et leurs risques de totalitarisme, la tension dynamique entre religion et politique, le mouvement permanent de va-et-vient entre les deux, fournissent une opportunité : la création d'espaces de liberté.

# BIBLIOGRAPHIE

Plusieurs approches se présentent au lecteur qui s'intéresse aux relations entre politique et religion. Nous en avons retenu quatre :

I. Textes fondamentaux des religions : Torah, Évangiles, Coran, Bhagavad-Gita et Brhadaranyaka - Upanisad (hindouisme), Triple Corbeille : sûtra, vinaya, abhidarma (bouddhisme), Treize textes de Confucius, etc. Nous recommandons de retenir, dans la mesure du possible, une traduction respectueuse de la tradition religieuse concernée.

II. Auteurs classiques de la philosophie politique comme Platon, Aristote, Machiavel, Hobbes, Spinoza, etc.

III. Sciences humaines modernes, monographies et études de cas.

Certains titres s'imposent :

Durkheim, Émile, *Les formes élémentaires de la vie religieuse*, Paris, PUF, 1950.

Weber, Max, *Le savant et le politique*, Paris, 1959.

D'autres présentent un intérêt certain :

Apter, David E., *Pour l'État, contre l'État*, Paris, Economica, 1988.

Moulin, Léo, Deux réflexions sur le religieux et le politique, *Res Publica*, 1975, p. 367-393.

Les monographies analysent des cas précis. Citons à titre d'exemple :

Hardacre, Helen, *Shintô and the State, 1868-1988*, Princeton University Press, 1989.

McLeod, W. H., *The Sikhs : History, Religion and Society*, New York, Columbia University Press, 1989.

Smith, D. E., *Religion and Politics in Burma*, Princeton University Press, 1965.

Les partis religieux ont fait l'objet de publications comme :

Bauer Julien, *Les partis religieux en Israël*, PUF, « Que sais-je ? », 1998.

Letamendia, Pierre, *Le Mouvement républicain populaire. Histoire d'un grand parti français*, Paris, Beauchesne, 1995.

Lijphart, A., *The Politics of Accommodation : Pluralism and Democracy in the Netherlands*, University of California Press, 1958.

IV. Ouvrages portant sur les religions contemporaines et qui donnent des indications sur leurs liens avec société et politique.

Nous recommandons :

Delumeau, Jean (éd.), *Le fait religieux*, Paris, Fayard, 1993.
Sahliyeh, Émile (éd.), *Religious Resurgence and Politics in the Contemporary World*, New York, State University of New York Press, 1990.

Plus de vingt « Que sais-je ? », dont les titres « religieux » ne doivent pas cacher un contenu également « politique ».

Les sites Internet touchant aux religions, à leurs tendances, aux sectes, à leur vision des événements politiques sont en croissance continue. On y trouve le pire et le meilleur, aussi bien de la propagande haineuse que des renseignements jusque-là difficilement accessibles.

# TABLE DES MATIÈRES

Imprimé en France
Imprimerie des Presses Universitaires de France
73, avenue Ronsard, 41100 Vendôme
Mai 1999 — N° 46 060